문학개론강좌

편백나무 출판사

천 미 수

충남 보령 출생
숙명여자 대학교에서 국어국문학(소설전공)으로 문학박사학위 취득
숙명여자 대학교 강사 역임
호서대학교 겸임교수 및 초빙교수 역임
현재 호서대학교 평생교육원 외래 교수

저서 『작가의 이상과 현실』 공저.
논문 「선우 휘 소설 연구」
 「염상섭의 '표본실의 청개구리' 와 '만세전'의 공간연구」
 「해방 직후의 단편 소설 연구」

■일러두기

*이 책은 교재용 - 강의용으로 쓴 것임.
*1학기 15주 강의에 맞추어 집필한 것임.

목 차

제1-1강 ··· 13
  문학의 정의 ·· 13
    1. 동양 : 『논어論語』 선진先進편 ······················ 13
    2. 서구 : literature ·· 14
    3. 문학의 현대적 정의 ····································· 15

제1-2강 ··· 17
  문학의 기원 ·· 17
    1. 역사적 의미 ·· 17
    2. 모방본능설 ··· 19
    3. 유희본능설 ··· 20
    4. 흡인본능설 ··· 21
    5. 표현본능설 ··· 21
    6. 발생학적 기원설 ··· 21
  장르의 갈래 ·· 23
    1. 정의 ·· 23
    2. 문학적 체계 ·· 23
    3. 분류양상 ·· 24

제2-1강 ··· 26
  문학의 기능1 ··· 26
    1. 문학기능의 일반적 관점 ······························ 26

2. 문학의 쾌락적(快樂的) 기능 ·················· 27
　　3. 문학의 교시적(敎示的) 기능 ·················· 30

제2-2강 ·· 33
　문학의 기능-2 ·· 33
　　1. 문학기능의 포괄적 관점 ······················ 33
　시 ·· 36
　　1. 일반적인 안내 ······································ 36

제3-1강 ·· 37
　시의 정의 ·· 37
　　1. 시의 정의 ·· 37
　　2. 시의 효용 ·· 39
　　3. 시와 산문의 구별 ································ 42
　시의 특성 ·· 43
　　1. 시의 언어 ·· 43
　　2. 시어의 구성 원리 ································ 45

제3-2강 ·· 47
　시의 요소-1 ·· 47
　　1. 운율의 개념 ·· 47
　　2. 운율의 종류 ·· 48

제4-1강 ·· 51
　시의 요소-2 ·· 51

    1. 이미지의 개념 …………………………………… 51
    2. 이미지의 종류 …………………………………… 54

제4-2강 ……………………………………………………… 64
  시의 요소-3 ……………………………………………… 64
    1. 시의 표현 기법 …………………………………… 64

제5-1강 ……………………………………………………… 71
  시의 요소-4 ……………………………………………… 71
    2. 상징 ……………………………………………… 71

제5-2강 ……………………………………………………… 78
  시의 요소-5 ……………………………………………… 78
    1. 언어유희 ………………………………………… 78
    2. 시적 화자 ………………………………………… 79

제6-1강 ……………………………………………………… 82
  시의 분류-1 ……………………………………………… 82
    1. 형태적 분류 ……………………………………… 82
    2. 내용상 분류 ……………………………………… 85
    3. 기타의 분류 ……………………………………… 88

제6-2강 ……………………………………………………… 90
  한국의 시-1 ……………………………………………… 90
    1. 시와 시가 ………………………………………… 90

    2. 상고시가 ·· 91

제7-1강 ··· 97
  한국의 시-2 ·· 97
    1. 고려가요 ·· 97

제7-2강 ··· 100
  한국의 시-3 ·· 100
    1. 경기체가 ·· 100
  한국의 시-4 ·· 101
    2. 시조 ·· 102
    3. 평시조의 내용의 주류 ································· 104
  한국의 시-5 ·· 109
    1. 가사 ·· 109
    2. 개화가사 ·· 111

제8-1강 ··· 115
  한국의 시-6 ·· 115
    1. 1920년대 시 ·· 115
    2. 1930년대 시 ·· 121

제8-2강 ··· 129
  한국의 시-7 ·· 129
    1. 1940년대 시 ·· 129
    2. 해방공간의 시 ·· 132

3. 1950년대 시 ·· 136
　　4. 1960년대 시 ·· 138
　　5. 1970년대 시 ·· 142
　　6. 1980년대 시 ·· 146

제9-1강 ·· 148
　소설-1 ··· 148
　　1. 개념 ··· 148
　　2. 기원 ··· 149
　　3. 특징 ··· 151

제9-2강 ·· 154
　소설-2 ··· 154
　　1. 소설의 요소-1 ·· 154
　소설-3 ··· 159
　　1. 소설의 요소-2 ·· 159

제10-1강 ·· 163
　소설-4 ··· 163
　　1. 소설의 요소-3 ·· 163
　소설-5 ··· 171
　　1. 소설의 요소-4 ·· 171

제10-2강 ·· 179
　소설의 분류 ·· 179

1. 플롯에 따른 분류 ……………………………………… 179
  2. 분량에 따른 분류 ……………………………………… 182
  3. 문예사조에 따른 분류 ………………………………… 185

제11-1강 ………………………………………………………… 189
  소설의 특성 ……………………………………………… 189
    1. 소설과 예술 ………………………………………… 189
    2. 소설과 사회 ………………………………………… 191
    3. 소설과 리얼리즘 …………………………………… 192

제11-2강 ………………………………………………………… 194
  한국의 소설-1-고대소설 ………………………………… 194
  한국의 소설-2-개화기소설(신소설) …………………… 200
  한국의 소설-3-근대 및 현대소설 ……………………… 203
    1. 1910년대 소설 ……………………………………… 203
    2. 1920년대 소설 ……………………………………… 205
    3. 1930년대 소설 ……………………………………… 209

제12-1강 ………………………………………………………… 217
  한국의 소설-4 …………………………………………… 217
    1. 1940년대 소설 ……………………………………… 217
    2. 1950년대 소설 ……………………………………… 220
    3. 1960년대 소설 ……………………………………… 224
    4. 1970년대 소설 ……………………………………… 227
    5. 1980년대 소설 ……………………………………… 229

목차

제12-2강 ·········· 233
수필 ·········· 233
1. 수필의 개념 ·········· 233
2. 수필의 특성 ·········· 237
3. 수필의 분류 ·········· 246

제13-1강 ·········· 248
희곡 ·········· 248
1. 희곡의 개념 ·········· 248
2. 희곡의 본질 ·········· 249
3. 희곡과 시나리오 ·········· 250
4. 희곡의 특성 ·········· 251
5. 희곡의 구성 ·········· 252
6. 희곡의 구성 단계 ·········· 253
7. 희곡의 갈래 ·········· 253

제13-2강 ·········· 256
문예사조 ·········· 256
1. 문학의 사조 ·········· 256
2. 문예부흥 ·········· 258
문예사조의 흐름 ·········· 258
1. 고전주의 ·········· 258
2. 낭만주의 ·········· 260
3. 사실주의 ·········· 262
4. 자연주의 ·········· 264

5. 상징주의 ·· 265
6. 모더니즘 ·· 267
7. 포스트모더니즘 ·· 268

제1-1강

문학의 정의

1. 동양 : 시문경사(詩文經史)를 비롯한 모든 문장을 문학이라 총칭함.

『논어論語』 선진편(先進篇)－예악(禮樂), 전장(典章), 학술(學術), 정사(政事), 문학(文學), 학예(學藝), 학문(學問), 언어(言語) 예술 등을 포함하여 광범위한 영역으로 독서행위에 따른 모든 것을 포함.

*문학은 학문이라 할 수 있고, 시학·서학·예학·아악에도 문학의 근본이 있으니 의미 있는 언어를 익숙하게 부릴 수 있는 것이 곧 문학이다.(文學 是學于 詩書禮樂之文 而能言其意者)－주자(朱子)

*문학하는 사람이 최고의 지식인이라고 할 수 있으니 과연 세

상에서 제일이다.(門第人物文學 皆當世第一)-『당서唐書』이규전(李揆傳)

　*정사에 뛰어난 자는 염유·계로이고, 문학에 뛰어난 자는 자유·자하다.(政事 冉有子路 文學 子游子夏)-『논어論語』先進篇

　*처음 왕은 문학을 좋아하며 저술에 힘썼다.(而帝好文學 以著述爲務)-『삼국지三國志』, 文帝紀 → 문학은 학문, 문장, 글의 배움, 문화, 교양을 뜻함.

　2. 서양 : literature

　오늘날의 문학은 서구적인 개념.
　literature는 라틴어 litera에서 유래되었고, litera는 letter를 의미. 문학이란 뜻과 함께 기록된 지식·문법·학문 등과 독서행위의 총칭.

　1) 문학은 언어를 표현매체로 한 언어예술.
　2) 문학은 언어로 창조된 예술.
　3) 문학은 문자를 통한 총체적 행위.

3. 문학의 현대적 정의

1) 광의의 문학

*문학은 인쇄된 모든 것―Literature is everything in print.
(Theory of Literature. R. Welleck & A. Warren. Penguin Books. 1956, pp.20~21)

*문학이란 거대한 말이다. 그것은 문자로 기록되거나 책으로 인쇄된 모든 것을 의미함―Literature is a large word. It may mean everything written with letters or printed in a book)
(Marthew Arnold 1822~88)

2) 협의의 문학

*문학은 위대한 책(great books), 즉 주제가 무엇이든지 문학 형식과 표현으로 널리 알려진 작품―Literature is to 'great books' books which, whatever their subject, are notable for literary form or expression.
(Theory of Literature. R. Welleck & A. Warren. Penguin Books. 1956, pp.20~21)

*문학이란 산문이건 운문이건 상상의 결과며, 교훈보다는 많은 사람들에게 쾌락을 주며, 일반적 지식에 호소하는 것.
(Hutcheson Posnett)

3) 문학은 언어와 문자라는 형식을 통한 예술로, 인간의 사상과 감정을 표현하여 독자들에게 즐거움을 줌.

제1-2강

문학의 기원

1. 역사적 의미

*문학형태의 근본적 요소는 민요무용(Ballad Dance). 운문과 음악의 반주와 무용의 결합. 문학의 자연발생적인 출현.
(R. G. Moulton, 1948~1924)(The Modern Study of Literature)

*원시종합예술 형태의 제천의식. 자연에 대한 외경심. 주문이나 기도.

*인간의 본성인 예술적 충동에서 시작.

*원시예술과 문학은 실용성과 심미성이 결합되어 발라드 댄스에서 시작.

*바빌로니아의 문학작품 중 남아 있는 대표작인 『길가메시Gilgamesh』에서 기원전 8세기 전후에 창작되었다고 보며, 다양한 언어의 흔적들과 고고학적 증거로는 훨씬 이전에 생겨났다는 호메로스의 고대 그리스 서사시 『일리아드Iliad』, 『오디세이Odyssey』. 수세기에 걸쳐 구전되었다는 두 작품과 중세의 게르만족의 민족 이동기의 다양한 전설들이 13세기 초에 역사적, 정치적 현실을 반영하고 있는 영웅 서사시의 형태로 독일 민족의 정체성과 민족주의를 형성하는 데 중요한 역할을 한 『니벨룽겐의 노래 Nibelungenlied』, 11세기 말에서 12세기 초에 현존하는 무훈시(武勳詩) 중 최고의 걸작이며 프랑스 봉건제도의 이상인 기사의 영웅적인 행위를 예찬하기 위해 쓴 서사시 『롤랑의 노래Chanson de Roland』 등은 구전(口傳)되어오다가 기록되어 현대까지 이른 것.

따라서 선사시대에도 문학이 존재했다고 말할 수 있다. 특히 『길가메시』나 다양한 자연신들에 대한 찬가, 다양한 신화와 설화 등을 노래하고 있는 BC 1200년경의 『리그베다Rigveda』. 『구약성서』, 신의 천지창조 과정이 장엄하고 웅대한 스케일로 그려진 창조신화에 해당하는 『창세기Genesis』 속에 삽입된 짧은 시 등은 온전하게 남아 있는 것들이다.

*인간이 공포감을 느끼는 초자연적인 현상들에 대한 경외심 등은 운율이 있는 운문으로 썼고, 인간들의 일상적인 관계나 철학, 역사 등은 주로 산문으로 기록하였다.

2. 모방본능설(imitative impulse)

*아리스토텔레스(Aristoteles, 384~311 BC)는 그의 『시학Poetics』 4장에서 다음과 같이 말하고 있다.

*시는 일반적으로 인간성에 있는 두 가지 원인에서 발생한 것임에 틀림없다. 첫째로 모방한다는 것은 인간본성에 고유한 것으로서 인간이 동물과 다른 점도 그가 모방을 가장 잘하며 그의 지식도 모방에 의하여 습득된다는 점에 있다. 그리고 이 모방한 작품에서 기쁨을 느낀다는 것도 인간본성에 속한다. 이 두 가지 사실은 우리의 경험이 증명한다.

*문학을 바라보는 기본적인 관점이자 가장 오래된 아리스토텔레스의 주장. 문학을 삶의 현실과 연관시켜 정의 내리는 입장으로 모방하고 모방한 것에 기쁨을 느끼는 것은 인간본성, 즉 인간의 자연적 성향이며, 예술은 이와 같은 모방본능에서 탄생된 것.

1) 플라톤(Platon-Plato)의 모방론

*순수한 최고의 미는 감각의 세계를 초월해 있는 궁극적 객관적 실재. 존재인 이데아(idea)는 지적 직관에 의해서만 포착될 수 있는 것이라 주장. 눈에 실제로 보이는 모든 만물은 절대적 진리의 허상으로 파악. 겨우 언어로 모방이나 할 수 있을 뿐인 문학은 진리의 세계에 도달할 수 없는 것으로 단정. 문학은 복

사의 재복사라고 비방함. 이상국(理想國)에서 시인추방론 주장.

 2) 아리스토텔레스(Aristoteles)의 모방론

*최초의 주창자 플라톤의 모방론을 체계화. 예술은 자연을 모방한다. 문학은 사물에 대한 단순한 모사(模寫)가 아닌 있을 수 있는 사실을 모방하는 것. 모방의 결과로 진리를 구현하고 카타르시스(Catharsis)를 통해 즐거움을 줌. 따라서 문학은 역사보다 진실성이 확보된다고 봄.

 3. 유희본능설(Play impulse)

*문학예술은 인간이 본능적으로 유희를 즐기려는 본능을 가졌다는 입장은 칸트(Immanuel Kant, 1724~1804)로 시작되어 실러(Schiller, 1759~1805), 스펜서(Her-bert Spenser, 1820~1903) 등이 주장. 동물은 생명보존본능과 종족보존본능을 충족하는데 에너지를 쓰지만 인간은 '정력의 과잉'으로 예술을 발생시키는 유희본능이 있다는 것. 문학을 '상상력의 자유로운 유희'로 정의하고 실러가 '유희본능'으로 굳힘. 유희의 본질은 초연성과 자유다.

*예술의 자율성에 근거한 '무목적의 목적', '무관심의 관심'을 강조.

4. 흡인본능설(instinct to attract others by pleasing)

＊다윈(Charles Robert Darwin, 1809~1882)같은 진화론자들의 주장. 인간도 동물과 같이 남을 끌어들이려는 흡인본능이 있어 예술을 창조. 예를 들면 카나리아의 아름다운 소리나 공작의 아름다운 꼬리의 흡인본능.

5. 표현본능설(self-expression instinct)

＊허드슨(W. H. Hudson)이 주장한 학설. 허드슨은 문학은 자기표현에 대한 우리의 욕구, 인간과 그들의 행위에 대한 우리의 흥미, 우리가 살고 있는 현실세계와 실존을 떠오르게 하는 사상세계에 있어서의 우리의 흥미 및 형식으로서의 형식에 대한 우리의 사랑이라고 강조. 문학은 사상과 감정의 표현물로 자기표현의 욕구로 인해 작품을 쓰게 되는 동기가 된다는 주장.

6. 발생학적 기원설

＊유희 본능설에 반대하여 고고학, 인류학의 입장에서 예술의 기원을 찾고자함. 히른(Y. Hirn), 그로세(E. Grosse), 매캔지(A. S. Mac-kenzie) 등이 주장.

＊히른(Y. Hirn)은 '예술은 유희 이상의 어떤 것이다.'라고 하였

으며, '원시인의 장식품 즉 무기, 가구의 조각, 문신, 편물의 모양은 순수한 심미적 동기의 산물로서 보이지만 일상생활에 필요한 기호로서 역할을 수행한다. 또한 무용이나 연희(演戱)도 단순한 예술적 소산이 아니라 사냥하는 행동의 연습이라는 비심미적 공리적 동기에서 나온 것이다. 즉 예술은 실제 생활의 필요성에 의해 발생한 생활의 방편이다.'라고 주장.

*그로세(E. Grosse)는 『예술의 기원』에서 '원시민족의 예술작품 대부분은 순수한 심미적 동기에서 이루어진 것이 아니고 어떤 실제적 목적에 알맞도록 계획되어 있다. 차라리 실제적 목적이 먼저 있고, 심미적 욕구가 다음에 생긴 것이다. 예컨대 원시인의 장식물은 주로 실제적 의미의 표지나 상징으로 만들어진 것이지 단순한 장식물로 고안된 것은 아니었다.'라고 주장.

*매캔지(A. S. Mackenzie)는 『문학의 진화』에서 문학이란 그 본질에 있어서 시·음악·무용이 리듬 아래 통일되어 삼위일체의 관계에 있었으며, 특히 원시시대의 시가는 그 소재가 주로 수렵·전쟁·연애·풍자·노동·애곡 등으로서 실제 생활과 밀접한 관계가 있었음을 강조.

이와 같이 발생학적 기원설은 원시인들의 실제 생활과 예술이 아직 미분화상태에 있었고 예술의 세계는 현실의 연장이었다.

장르(Genre)의 갈래

1. 정의

*장르(Genre)란 종류의 뜻을 말하는 프랑스어.
*라틴어 genus 또는 generis에서 유래.
*원래 생물학에서 생물의 종류를 나눌 때 사용하는 것을 문학에서 빌려 사용.
*최초의 문학 장르 이론은 플라톤의 『공화국』에서 시작되고 아리스토텔레스의 『시학詩學』에 계승됨.
*장르는 문학적 관습, 문학의 기본존재 양식－작자와 독자 사이의 일종의 묵계.
*장르는 문학적 질서, 문학이 분류되는 구성 원리. 공통적인 특성을 지닌 문학 작품들이 모인 일관된 틀. 장르에 대한 본질적인 이해는 문학의 본질을 이해하는 것.

2. 문학적 체계

*장르는 역사성과 가변성을 띠고 있어 고정적 불변적이 아님.
*장르도 생물처럼 탄생·성장·소멸의 필연적인 과정을 거침.
*장르의 이론은 질서의 원리다. 곧, 이 이론은 문학과 문학사를 시간과 장소로 이해하는 것이 아니라, 조직과 구조가 가지고 있는 특수한 문학상의 형태로 분류하는 것이

다. 비평적인 또는 가치평가적인 연구는 역사적인 연구와는 달리-그것이 어떠한 것이든 이러한 구조에 호소하는 것을 어떠한 형식으로 내포하고 있다.
(R. Wellek & Warren ;『Theory of Literature』(Penguin Books, 1970, p.227)

*장르의 유형에는 표현론적(expressive), 효용론적(pragmatic), 구조론적(structural), 모방론적(mimetic).
 (M. H. Abrams, The Mirror and the Lamp, Oxford university press, 1976, p.3~29 참조)

3. 분류양상

 1)문학 장르의 류(類)-장르의 기본
  ①서정양식 ②서사양식 ③극양식

 2)문학 장르의 종(種)-일반적인 양식
  ①운문 - 시
  ②산문 - 소설, 수필, 희곡, 평론

 3)문학 장르의 속(屬)-나라마다의 장르

 *한국문학의 경우
  ①서정양식-한역가 · 민요 · 향가 · 시조 · 경기체가 ·

　　　　　　　　　　　　　　　　　제1-2강

　　　　　가사 · 신체시 · 근대시 · 현대시 등
②서사양식-민담 · 신화 · 설화 · 패관문학 · 고대소
　　　설 · 판소리 · 신소설 · 근대소설 · 현
　　　대소설 등
③극양식-인형극 · 가면극 · 창극 · 신파극 · 근대극 ·
　　　현대극

제2-1강

문학의 기능-1

1. 문학기능의 일반적 관점

*문학작품을 어떻게 해석하고 어떻게 평가할 것인가.
*문학작품은 독자·비평가·예술가들이 왜 각자의 관점에서 해설하고 평가하는가.
*문학이 가지는 두 가지 기능은 쾌락적(快樂的) 기능과 교시적(敎示的) 기능.
*르네상스 시대의 사람들은 문학의 미적 구조보다는 문학의 목적은 교훈을 주는데 있다고 여김.
*고전주의의 특색인 질서와 우아, 이성과 직관의 조화, 도덕성의 강조에 반기를 든 낭만주의는 개성적이며 자유분방하고 이상주의적인 경향이 주류를 이루면서 인간의 개성과 개인의 감성을 중시하였으며, 즐거움과 쾌락을 문학의 중심으로 삼았다.
*고전주의는 이성적이며 합리적이고 보편적 인간성 추구인데

반하여 낭만주의는 특수적이고 개인적인 사실을 강조하는 쾌락적 문학관은 사실주의의 대두와 함께 다른 양상으로 전개되었다. 과학의 정신에 입각한 현실 위주의 정신을 배경으로 이지적이고 냉철하게 현실세계로 눈을 돌려 관찰하고 사실과 진실을 추구하는 사실주의와 문학 역시 과학적·기계주의적 물질관에 의해 사회나 인생을 관찰, 해부, 분석하고 평가하는 특징을 지닌 자연주의가 대두하게 된다.
*따라서 문학의 기능이나 효용은 시대에 따라 쾌락적 기능과 교훈적 기능이 교차하였다.

2. 문학의 쾌락적(快樂的) 기능

*문학의 쾌락적 기능은 아리스토텔레스의 『詩學Poetics』에서부터 시작되어 오늘날까지 계속됨.
*아리스토텔레스는 문학의 목적인 쾌락이 도덕적인 요구가 만족될 때에만 가능하다고 강조.
*아리스토텔레스는 비극이 연민과 공포라는 상반된 감정을 일으키고 이 정서들이 카타르시스(Catharsis)를 가져오는 중요한 효과로 규정.
*아리스토텔레스는 플라톤과 달리 문학의 쾌락적 기능을 중시하고 문학작품이 환기하는 정서를 독자가 향유함으로써 정서적 혼란 상태에 빠지지 않고 오히려 정서의 순화와 안정을 가져오게 한다고 역설하였다.

＊칸트(Immanuel Kant)는 『美的判斷批判』에서 '예술가의 상상력은 아무런 구속도 없이 자유롭게 활동해야 한다. 그것은 일정한 목적을 향해서 규율되는 노동이 아니라, 아무 목적도 없는 유희(遊戲)이다.'라고 하여 예술적 상상의 자유로운 활동을 주장. 인간의 활동은 목적을 가지는 순간 미적 성격과 아울러 존엄성을 잃어버린다는 것. 마치 사자의 가장 미적인 순간은 어떤 특별한 목적 없이 단지 우짖고 싶은 욕망 때문에 우짖는 순연한 기쁨 때문에 우짖을 때라는 것. 그는 예술적 활동을 통제하는 이성의 존재를 인정하지 않으며, 무목적(無目的)의 목적(目的)을 강조.

＊인생의 목적을 생각하지 않아도 충분히 살아갈 수 있는 것처럼 문학의 목적을 몰라도 충분히 문학을 즐길 수 있으며, 한 걸음 더 나아가 목적의식(目的意識)을 몰각하는 것이 문학의 다양한 가능성을 살릴 수 있는 유일한 길이라는 것.

＊콜리지(Coleridge)는 '모든 예술의 공통된 본질은 미를 매개로 하여 쾌락이라는 직접 목적을 위하여 정서를 자극함에 있다.'라고 하여 문학의 쾌락을 주장했다.
(Coleridge, On the Principles of General Criticism Concerning the Arts)

＊보상퀘(Bosanquet)는 '쾌락과 정서는 필요한 것이다. 고상성(nobleness)도 희생되어서는 안 되며, 고상성 또한 필요한 것이나 쾌락이 희생되어서는 안 된다.'고 말하였다.
(B. Bosanquet ; A History of Aesthetics)

제2-1강

　*문학의 쾌락을 스코트(Walter Scott)는 '나는 여러 사람들이 즐거워하도록(소설을) 쓰고 있다.'라고 하였고, 허드슨(W. H. Hudson)도 '소설의 하나의 기능은 여가를 유쾌하게 보내고 실생활의 긴장 상태에 휴식을 주어 즐겁게 하는 점이다.'라고 강조하였다. 그러나 문학이 독자를 감동시키고 즐거움을 준다는 것은 사실이지만, 그 즐거움이 단지 대중적인 오락에 빠지거나 저속한 쾌락만을 강조해서는 안 되고 정신적인 고차원의 즐거움이나 미적 즐거움이 되어야 한다는 것이다.

　*백철은 문학의 기능인 '쾌락과 효용의 두 가지 기능은 각각 따로 작용하는 것이 아니고 동시에 같이 작용하는 것이다. 그것이 하나는 내용으로부터 오는 것이고 또 하나는 형식으로부터 오고하는 식으로 되는 것도 아니며 오직 일체에서 오는 것이다.'라고 하였다. (백철, 『문학개론』, 신구문화사, 1947, p.157)

　*최재서는 쾌락의 종류를 다음과 같이 분류하면서 문학적 쾌락은 관능적 향락주의와 속악성(俗惡性)을 경계하고 지적(知的)인 체험을 통한 쾌락이어야 한다고 주장. (최재서, 『문학개론』, p.56)

　1) 하등감각에서 오는 관능적 쾌락 (官能的 快樂, sensual pleasure)

2) 시각과 청각에서 오는 감각적 쾌락 (感覺的 快樂, sensuous pleasure),

즉 미적 쾌락(美的 快樂 aesthetic)

3) 이지(理智)에서 오는 지적 쾌락 (知的 快樂 intellectual pleasure)

*문학의 기능은 독자에게 속악적(俗惡的) 흥미와 관능적인 쾌락과 대중적인 오락만을 뜻하지는 않는다. 문학은 정신적인 즐거움을 주는 동시에 미적 정서를 감동시키는 지적인 체험을 통해 간접적으로 인생의 진리를 가르쳐주는 것이다.

3. 문학의 교시적(敎示的) 기능

*호라티우스(Horatius)는 문학의 교훈설(敎訓說)을 처음으로 말하였다. 그는 문학의 목적은 교훈을 주는 일과 쾌락을 주는 일인데, 교훈과 쾌락이 결합될 때에 문학의 효과는 가장 커진다고 말했다.

*르네상스 시대 유럽의 고전적 문학관의 핵심은 문학의 효용성(utility) 속에는 미개한 백성에게 지식과 지혜를 주어서 개화문명(開化文明)으로 인도하는 일, 질서관념(秩序觀念)을 주입해서 법률을 유지하는 일, 청년들의 정신 속에 영웅적인 기상을 길러 내는 일, 즐거울 때에 반려가 되

고 슬플 때에 위안이 되는 일, 위인의 사적을 연구 보존해서 그들의 이름을 신성하게 하는 일이었다.

*공자(孔子)는 위정편(爲政篇)에서 시경(詩經)의 삼백여 편의 시(詩)를 한 마디로 말한다면, 생각에 사악(邪惡)함이 없다는 것으로 문학의 교시적(敎示的)기능이 보인다. (子曰 詩三百 一言而 蔽之曰 思無邪)

*로마의 서사시인 루크레티우스(Titus Lucretius)의 우주원자설을 읊은 장편시 『자연계』에서 문학당의설(文學糖衣說)에서 문학의 교시적(敎示的) 기능을 강조.

'의사가 어린애들에게 쑥탕을 먹이려 할 때에는 그릇의 거죽면에 달콤한 꿀물을 칠한다. 그러면 철없는 아이는 입술에 속아서 쓰디쓴 약을 마신다. 어린애는 꿀물에 속았다 할지라도 아무 해를 받지 않고, 도리어 그런 수단으로 말미암아 건강을 회복하게 된다. 그와 마찬가지로 이 철학 속에는 아직도 철학의 맛을 보지 못한 사람들에게 너무도 쓴 내용이 들어 있기 때문에 나는 나의 추리를 운문으로 된 달콤한 노래로써 여러분 앞에 바치려 했다. 이와 같이 시라고 하는 쾌적한 꿀을 발라 놓으면 독자의 마음을 끌 수 있을 것이고, 또 독자는 건전한 철리와 그 유익성을 섭취할 수 있을 것이다.'

*호라티우스의 공리적 문학관이나 루크레티우스의 문학당의설은 계몽주의 문학과 함께 문학 교훈설로 굳어진다.

*마르크시즘의 문학은 공리적 목적을 지향하고 있는데, 그들은 예술의 발생과 결정 요인을 경제적, 계급적인 것으로 보고 사회구조를 지배와 피지배로 파악한다. 따라서 모든 예술작품은 피지배계층의 해방과 계급의 이데올로기를 표현하고 지배를 척결하기 위해 투쟁을 요구한다.

*마르크스주의 문학이론은
  1) 형상을 빌어 현실을 반영하고,
  2) 현실의 개괄과 전형적 묘사를 하고,
  3) 계급적 관점으로 현실을 그려 계급적 이해를 옹호해야 한다는 것.

*'예술문학을 계급적 형상적 인식의 수단, 그리고 현실에 대한 계급적 작용으로 규정할 수 있다는 것이다.' (비노그라도브(조선문예연구회 역) ; 문학입문(신학사, 1948, p.25)

*마르크시즘 문학관은 문학의 자율성이 인정되지 않으며, 문학의 공리적 효과만을 강조하여 투쟁의 수단이나 선전문학으로 나아가려는 측면에서 문제점을 가진다. 목적문학-선전문학이라 할 수 있는 문학의 공리성과 교시적 기능을 최대한 활용한다는 점에서는 공통적.

제2-2강

문학의 기능-2

1. 문학기능의 포괄적 관점

*문학이 그 결과로 쾌락을 수반하는 것은 당연하다. 문학은 실생활에서 느끼지 못하는 쾌락을 제공해 주지만 그 쾌락을 목적 자체로 추구할 때에는 문학은 불가피하게 타락할 수밖에 없다.

*'인간의 정신은 조잡하고 강렬한 자극제를 쓰지 않아도 흥분할 수 있는 능력을 가지고 있다. 이러한 사실을 모르는 사람, 그리고 한걸음 나아가서 인간은 그러한 능력을 가지는데 비례해서 다른 사람보다 품격이 높아진다는 사실을 모르는 사람은 필경 인간정신의 아름다움과 존엄함에 대해서 지극히 미약한 지각밖에는 갖지 못하는 사람일 것이다.'
(William Wordsworth, 『리리컬 밸러드』, 序文)

*문학 작품이 독자에게 주는 쾌락은 격정에 사로잡히기 보다는 격정에서 해방되는 것이며—이것이 아리스토텔레스가 말하는 '카타르시스(Catharsis)'의 정당한 의미다—또한 감정의 흥분이 아니라 감정의 질서화이며 흥분이 가라앉아 안정으로 돌아가는 충족의 기쁨을 얻는 문학의 고유한 기능이다.

　*문학은 가치 있는 인간 체험의 기록으로 문학의 고유한 교육적 효용가치를 부인할 수 없다. 문학의 교육적 효용은 인격의 원만한 함양을 고취한다. 문학작품을 통하여 훌륭한 교육자들은 문학의 본질을 통찰하고 그 효용을 인지하며, 교육적 목적에 활용하여 좋은 성과를 얻고 있다. 문학의 효용은 다양한 분야에서 실제로 이루어지고 있다.
　그러나 문학작품이 오로지 사회적 효용을 목적으로 만들어지는 것은 아니지만 결과적으로는 다양한 효용을 발휘한다는 측면에서 문학이야말로 중요한 의미를 지닌다. 워즈워드는 '위대한 시인은 모두 다 교사다.'라고 강조하였다.

　*문학의 목적이 교훈적이냐 쾌락적이냐 하는 것은 인생을 공리적으로 보느냐 심미적으로 보느냐에 따라 달라진다. 호라티우스는 전자를 주목적으로 보고 후자를 부차적 목적으로 보았고, 아리스토텔레스는 후자를 주목적으로 보고 전자를 부차적 목적으로 보았다.
　*문학은 독자에게 즐거움과 동시에 감동을 주는 가운데 인생의 바람직한 방향을 제시한다는 측면에서 문학의 기능은 중요한 일이 아닐 수 없다.

*'어떤 문학작품이 교묘하게 그 기능을 나타날 때에는 쾌락과 효용이라는 이 두 개의 특색은 공존할 뿐만 아니라 합체해 있어야 한다.'라고 하여 문학의 교시적 기능과 쾌락적 기능의 관계를 밝히고 있다.
(R. Wellek & A. Warren ; 『Theory of Literature』 (Penguin Books, 1970, P.19)

*문학의 기능은 로마신화에 나오는 두 개의 얼굴 즉, 공리성과 실용성을 가진 교시적 기능을 가지고, 다른 하나는 심미성과 쾌락성을 동시에 가진다.
따라서 문학의 기능은 독자에게 고차적이고 정신적인 즐거움을 주는 동시에 인생의 참된 진리를 인식하게 하는 교시적 기능을 제공한다.

시(詩)

1. 일반적인 안내

*언어의 의미나 소리 또는 운율 등을 염두에 두고 언어를 선택하거나 배열한 언어를 통해 다양한 심상적인 자각과 독특한 정서를 일으키는 문학의 한 장르.

*시를 영어로는 poetry라고 하며 이는 '행동한다.', '창조한다.' 라는 뜻을 포함하며 따라서 시인을 무엇을 만드는 사람이라고 하여 poet라고 한다.

*일반적으로 말하는 시란 형식적인 측면을 가리켜 문학의 한 장르인 시 작품(poem)을 말하는 것과 그 작품이 주는 내용적인 측면에서의 시적 요소(poetry)를 가리키는 경우가 있다.

*poem은 좁은 의미의 시로 특정한 음운의 반복이나 또는 일정한 음절수의 반복 등과 같이 일정한 형식에 의하여 통합된 운율의 음악적(청각적) 요소와 언어에 의한 이미지나 시각 등의 회화적(시각적) 요소에 의해서 독자의 감각이나 상상력에 작용하여 감명을 일으키는 경우에 해당 된다. 이 때 중요한 것은 언어의 감화적 기능을 최고로 잘 발휘할 수 있도록 시어의 선택과 배열 그리고 적절한 구성이 필요하다.

*poetry는 넓은 의미의 시를 뜻하는데 시 작품은 물론이거니와 소설이나 희곡 또는 수필 등의 문학작품에서 미술·음악·무용·연극·사진·영화·건축 등의 예술작품과 심지어는 자연이나 사회현상에 이르기까지 해당될 수 있다.

제3-1강

시의 정의

1. 시의 정의

*시를 한 마디로 정의하기란 어렵다. 시는 여러 요소들의 종합으로 이루어지는 총체구조성을 지니기 때문이다.

*아리스토텔레스는 '시는 율어(律語)에 의한 모방이다.'라고 하였고, 시드니는 '시는 가르치고 즐거움을 주려는 의도를 가진 말하는 그림이다.'라고 말하고 있다. 헤즐릿은 '시는 상상과 정열의 언어다.'라고 하였고, 매슈 아널드는 '시는 인생의 비평이다.'라고도 하였다.

*시에 대한 정의를 '사악한 것을 생각하지 않는 것', 또는 '자연(인생)의 모방'이나 '언어의 건축물', 또는 '인생·사회 비평' 등의 다양한 입장들이 있다.

＊포우(Poe)도 시에 대하여 '인류는 무수한 상반된 정의를 내렸으나 그것들은 단지 말의 전쟁에 지나지 않는다.'라고 했다.

　＊칼라일(Carlyle)은 시에 대하여 '우리들은 음악적인 사상(思想)을 시라고 부른다.'라고 하였고, 키츠(Keats)는 '시는 위대하고 겸손한 것이다.'라고 하였으며, 괴테(Goethe)는 '나의 시는 나의 커다란 참회다.'라고 하였다.
　＊워즈워드(Wordsworth)는 '시는 감정의 유로(流露)다.'라고 하였고, 아놀드(Arnold)는 '시는 미에 대한 갈망(渴望)이다.'라고 하였다.

　＊셸리(Shelley)는 '시는 가장 행복한 심성의 최고 열락(悅樂)의 순간을 표현한 기록이다.'라고 하였고, 신디(Sidney)는 '시는 가르치고 즐거움을 주려는 의도를 가진 말하는 그림이다.'라고 하였다.

　＊논어(論語)에서는 '子曰 詩三百 一言而 蔽之曰 思無邪'라 하였고, 서경(書經)에서는 '詩言志 歌詠言 聲從永 律和聲'라고 하였다.

　＊러스킨은 '상상에 의하여 고상한 정서를 위한 고상한 정서를 암시하는 것.'이라 하였고, T. S. 엘리어트는 '시는 정서의 표출이 아니라 정서로부터의 도피요, 개성의 표현이 아니라 개성으로부터의 도피다.'라고 하였고, 이런 시에

대한 다양한 정의는 시의 어떤 특징들을 내세워 자신들만의 시에 대한 입장을 내세우는 것이라고 할 수 있다. 따라서 T. S. 엘리어트는 '시의 정의의 역사는 오류의 역사'라고 하여 시에 대한 전체적인 정의를 쉽게 내릴 수 없음을 강조하였다.

2. 시의 효용

*시는 왜 쓰며, 무엇 때문에 읽는가에 대해 루이스(Lewis)는 다음과 같이 설명하였다.

> 어떤 의미로 보면 시는 무슨 소용이 되는가 하고 질문하는 것은 마치 무지개나 바다는 무슨 소용이 되는가, 또는 한 알의 캐러멜이라든가 풋볼 경기라든가 아름다운 드레스가 무슨 소용이 되느냐고 질문하는 것과 똑같이 어리석은 질문이라고 아니할 수 없다. 무지개는 하나의 자연현상이다. 태양의 광선이 빗방울에 부딪쳐 굴절하여 반사한 결과이다. 인간에게 관계가 있다는 점으로 보면 무지개는 전연 아무 소용도 없는 것이다. 아무도 무지개 덕택에 돈을 벌 수 없다. 하지만 '하늘의 무지개를 쳐다볼 때에 나의 마음은 뛰 논다.'라고 노래한 시인은 우리가 누구나 무지개를 볼 때 느끼는 놀람과 흥분된 기분을 말로 나타내주고 있

다. 무지개는 아무 까닭도 없이 그런 자신의 아름다움인 것이다. 그것은 훌륭한 시가 그것이 자신의 아름다움인 것과 조금도 다름이 없다.
(루이스, 『시학입문』, 장만영 역, 정음사, 1955, P.12)

*시는 인간의 마음을 정화(Catharsis)시켜 주고, 좋은 시를 읽으면 새로운 세계가 열린다.
*시의 목적도 다른 예술과 같이 미와 진실의 추구이다. 따라서 시를 쓰는 사람이나 읽는 사람은 직관적으로 시적 감동을 받게 된다.

*시는 일반 과학이 미치지 못하는 세계를 보여준다. 과학은 사실의 세계를 다룬다. 그러나 과학이 자연의 이치를 아무리 설명하더라도 과학이 미치지 못하는 미지의 세계가 존재한다. 그것은 우주의 미와 신비의 세계가 존재하기 때문이다. 영국의 비평가 리처즈(Richards)도 과학의 결함(缺陷)을 지적하여 과학은 우리에게 사실을 가르쳐 주지만 우리가 어떻게 느껴야 하는가, 혹은 어떻게 행동해야 하는가에 대해서는 대답할 능력이 없다고 하였다. 따라서 과학의 세계가 객관적인 사실을 보여주는 것이라면 시의 세계는 정서의 교향(交響)에서 사물을 보여준다고 할 수 있다.

*루이스는 '시인은 놀라는 감각을 언제나 졸업하지 않는 사람이다.'라고 하였고, 브라우닝(Browning)은 시인을 '무엇을 보여주는 사람'이라 했고, 칼라일(Carlyle)도 '우주의 신비를 식별하는

제3-1강

천부의 재주를 가진 사람'이라 했다.

*좋은 시를 쓰기 위해서는 다양한 체험을 해야 한다. 마치 시는 과일의 영양처럼 사람들의 생활을 풍부하게 해 준다는 것이다. 발레리(Valéry)는 그의 '예술론'에서 다음과 같이 언급하였다.

> 팡세(思念)는 시구(詩句)중에 있어서 과일 속의 영양처럼 숨겨져 있지 않으면 안 된다. 한 개의 과일은 영양물이면서도 다만 좋은 맛으로밖엔 보이지 아니한다. 사람은 거기서 쾌락만을 느끼는 것이나, 기실 사람이 받는 것은 자양분이다. 쾌미감(快美感)이 이 눈에 보이지 않는 영양물을 감싸서 이를 지도하고 있다.

*시는 현실을 비판의 눈으로 볼 수 있는 힘을 길러준다. 조지훈은 '시의 사명'에서 다음과 같이 말하고 있다.

> 인간현실이 영원한 불만이요 하나의 병든 현실이라면 정성스럽고 위대한 인간은 제가 살고 있는 세상에 무슨 보람을 베풀지 않을 수 없을 것이다. 여기에 병든 현실에 임하는 세 가지 유형의 방법이 있다.
> 정치는 과학이란 칼로써 하나의 해부 수술로써 치료하려 할 것이요. 종교는 신앙이란 약으로써 교회(敎誨)하는 기도를 드릴 것이며 시는 예술이란 붕대로써 상처를 만질 하나의 간호라는 연인이 되어 노래를 불러

그의 생명력을 기르고 체온표와 꽃병을 항시 보살필 것이다.

*시는 현실을 비판하고 고발하며 정치나 종교와 같이 병든 현실을 치료하지만, 표현 방식에서 시적 감동을 앞세우기 때문에 겉으로 크게 드러나지 않는다.

3. 시와 산문의 구별

*영어로는 'poetry' 불어로 'poéme'로 불리는 시는 언어의 의미·소리·운율 등을 고려하여 배열한 언어를 심상적 자각과 특별한 정서를 가진 문학의 장르.

*'시는 인간의 사상 감정을 율동적인 운문으로 표현한 문학의 한 장르다.'
(김용호, 「詩란 어떠한 것인가」, 시문학입문, 창인사, 1950, P.22)

*독일어로 시를 'Dichtung'이라 하는데 여기에는 노래·생략·내포·상징의 뜻이 들어 있으며, 시는 운율을 바탕으로 사상이나 정서를 압축된 형식으로 드러내는 언어 예술양식임을 강조한다.

*허드슨(W. H. Hudson)은 '시의 정서와 상상은 특별한

표현 방식을 통해야 하는데, 그 형식이란 물론 규칙적으로 운율적인 언어나 율격이다.'라고 하여 시는 운율적인 언어여야 함을 강조하였다.

　*폴 발레리(Paul Valery)는 시와 산문의 차이를 구분하고 일상어를 보행(步行, la march)으로 시어를 무용(舞踊, la dance)으로 비유하고 보행은 단순히 장소 이전이 목표이지만, 무용은 한 동작 한 동작이 단순한 전달이 아니고 표현으로써 상징화를 이루어야 한다는 것이다.

　*시는 하나의 황홀한 상태, 생명의 충일감을 목적으로 하며, 보행과 무용의 공통점은 모두 언어를 사용한다는 것이다.

　*산문에서 사용하는 언어는 전달을 목적으로 하는 실용적인 측면이 강하고 구체적 표현으로 구상화된 언어여야 하고, 시에서 사용되는 언어는 함축적, 내포적, 상징적, 암시적인 언어여야 하며 독자의 감동을 불러일으키는 정동적(情動的)인 기능을 지닌 언어라야 한다.

시의 특성

1. 시의 언어

　*리처즈(I. A. Richards)는 시가 언어사용의 최상의 형식이기

때문에 시어를 선택하고 구조화하는 일이야말로 시에서 가장 중요한 작업이라고 주장하였다. 특히 그는 '시적명제는 객관적 세계에 관한 지식하고는 아무런 관련 없이 다양성을 갖는다.'고 하였다. 그는 언어가 지니는 과학적 용법과 정서적 용법 중에서 시는 정서적 용법에 의지하는 것이라고 말하였다.

　*허드슨(W. H. Hudson)은 시의 특질로서 시는 과학적 사실과는 상이한 시적 진리(poetic truth)를 지니며, 시는 우리가 알지 못하는 인간의 경험 세계나 자연 세계에 있어서의 감정적 미와 정신적 의의에 대하여 눈을 뜨도록 해주며, 계시력(啓示力)을 지니고, 시는 생명의 소산이며 생명에 속하는 것이며 생명을 위하여 존재하는 것이고, 인생을 위한 시를 말하고 설교자는 교훈을 지도하는 것이 그 임무이며, 시인은 감화와 생기와 영감으로써 힘을 북돋아 주는 동시에 기쁨을 주는 것이라고 하였다.

　*발레리(Valery)는 '시는 언어의 연금술(鍊金術)'이라 하였으며, 언어의 기능을 일반 언어의 성질로 의미적 기능과 감동 세계를 중시하는 정서적 기능으로 나누었다. 시에 쓰이는 언어는 일상어와 달리 정서를 강조한다는 것이다.

　*루이스(Lewis)는 시에서 언어의 중요성을 다음과 같이 강조하고 있다.

　　　　만일 여러분이 바닷가에 가서 한 개의 동전―낡아빠진 윤택 없는 녹슬은 동전을 주었다고 하자.

그것을 일 분 동안, 또는 이 분 동안만 한줌의 물 젖은 모래로 세차게 닦아 보았다고 하자. 한즉 그 동전은 어느덧 황금색으로 반짝반짝 반짝이는 것이 그 동전이 처음 만들어졌을 때와 꼭 같은 곱고 산뜻한 모양을 나타낸다. 이와 마찬가지로 시라는 것은 모래가 동전에 끼치는 것과 같은 효과를 단어 위에 끼치는 것이다. 마치 기적이라고밖에 생각할 수 없는 방법으로 맛도 멋도 없는 듯이 보였던 단어에 반짝반짝 빛나는 윤택을 준다.

*문학에서 시는 언어를 가장 중요시하고 독특하게 사용하기 때문에 무엇보다도 시를 이해하기 위해서는 시어(詩語)의 특성을 파악해야 한다.

*시는 독창적인 언어의 구상과 예술적 형상화를 통해 생명의 진실을 표현한다.

*조지훈은 시적 진실은 먼저 예술 가치로서 정서적 감동이다. 감성으로 받아들이고 감성으로 표현하며 감성에 자극하는 것이 시의 정통적 본질이라고 말했다.

2. 시어의 구성 원리

*시어는 내포적 의미를 가진다. 내포(connotation)란 사전적

의미인 외연(dénotation)과는 달리 하나의 낱말이 여러 가지 의미를 지니거나 암시하는 것이다. 즉 단순한 지시적인 의미를 전달하는 것이 아니라 비유, 상징, 알레고리와 같은 복합적인 의미를 압축적으로 사용하는 것을 말한다. 시어는 외연적 의미를 포함하고 있지만, 그 쓰임에서는 대부분 여러 겹의 의미로 짜여 있다. 이러한 내포적 측면을 시어의 함축적 원리라고 할 수 있다.

*시어는 기본적인 심상이나 정서를 총체적으로 드러내기보다는 가능한 한 사물의 순간적 인상이나 인식의 한 순간을 날카롭게 포착하려는 특성이 있다. 그러므로 장황한 설명이나 부연보다는 최대한 압축하는 생략의 원리에 기초한다. 그렇기 때문에 시는 압축(tighten)되고 집중(concentration)되고 응결(condensation)되어 서로 조화되고 통일되어야 한다.

*시어는 애매성의 원리를 가진다. 그것은 생략과 함축을 토대로 이루어지기 때문이다. 일상적인 언어의 기능이 정확한 의미를 전달하는데 중점을 두는 반면에 시어는 비유나 상징 등 언어의 '낯설게 하는 기법'이 동원되기도 한다.

제3-2강

시의 요소-1

1. 운율의 개념

*문학은 언어를 표현매체로 이루어진다. 여기서 언어는 말과 글을 지칭하며 말은 소리와 뜻의 결합체이다. 소리의 주기적인 반복과 순환을 리듬(rhythm)이라고 한다. 리듬은 라틴어 rhythmus, 희랍어 rythmos에서 유래된 말로 '가락·율동·박자·조화' 등의 의미를 지닌다. 이러한 리듬을 시에서 '운율'이라고 할 때는 '운(韻)'과 '율(律)'의 두 가지를 의미한다. 시에서 운율은 언어의 음악성을 체계적이고 조직적으로 획득하려는 시인의 노력에 의해 이루어진다.

*시는 숙명적으로 음악적인 요소를 지닌다. 포우(Poe)는 '시는 미의 운율적인 창조'라고 하였고, 조지훈은 '우주의 생명적 진실이라는 시의 본질이 정서적 감동이라는 시의 작용을 통하여 언

어의 율동적 조형이라는 시의 표현을 갖출 때 여기에 한 편의 시가 나타나는 것이다.'라고 하여 시의 리듬을 강조하였으며, 에즈라 파운드(Ezra Pound)도 '시인은 자신의 마음을 발견할 수 있는 가장 아름다운 음조(音調)를 가져야 한다.'고 했다.

*운율에는 정형시의 경우처럼 운율이 표면으로 현저하게 나타나는 리듬의 경우를 객관적 운율이라 하고, 반면에 자유시의 경우처럼 운율이 밖으로 드러나지 않아 잠복되어 있는 경우를 주관적 운율이라 한다.

*운율은 시의 음악적 요소이고 본질적으로 반복에 의해 형성되며, 운과 율격으로 나눈다.

*올딩턴(Aldington)은 '시에 있어서 새로운 운율은 새로운 관념이다.'라고 하였으며, 하우프트만(Hauptmann)은 '태초에 리듬이 있었다.'라고 하여 리듬의 중요성을 강조하고 있다.

2. 운율의 종류

*내재율(內在律) ; 일정한 규칙이 없이 각각의 시에서 자유롭게 생기는 운율로 시의 내면에 흐르므로 그 실체의 파악이 쉽지 않다. 현대의 자유시는 대부분 내재율을 가지고 있다. 또한 내재율은 자유율, 개성율이라 한다.

제3-2강

　*외형율(外形律) ; 시어의 규칙적인 반복에 따라 생기는 운율로, 시의 겉모습에 드러나고 정형율, 외재율이라 한다. 정형시에서 흔히 볼 수 있다. 외형율에는 음수율(音數律), 음성율(音聲律), 음위율(音位律), 음보율(音步律)로 나눈다.

　*음수율(音數律)은 운율 측정의 단위로 음절과 음절수를 통계 내어 만든 것 즉, 일정한 음절수의 규칙적인 반복으로 형성되는 운율이다. 우리나라의 시조나 중국의 5언시, 7언시 등이 음수율을 쓰고 있으며, 개화기 이후 일본에서 도입된 7·5조 등이 있다.

　*음수율의 대표적인 예는 한국의 시조(時調)다.

　　　　오백년 도읍지를 필마로 돌아드니
　　　　산천은 의구ᄒ되 인걸은 간 듸 업다
　　　　어즈버 태평연월이 꿈이런가 ᄒ노라.
　　　　　　　　　　　　　　　길재「고려 시조」

　*음성율(音聲律)은 음의 고저(高低), 장단(長短), 강약(强弱) 등의 규칙적인 배치로 형성되는 운율이다. 한시(漢詩)의 평측법(平仄法)이 그 대표적이다.

　*음위율(音位律)은 음의 위치에 따라 비슷한 음을 반복함으로써 이루어지는 음악적 율격으로 한시나 영시의 압운법이 해당된다. 음위율은 두운(頭韻), 요운(腰韻), 각운(脚韻)으로 음의 규칙

성이 발생하는 위치에 따라 나누어진다.
　　①두운(頭韻) ; 시행이나 연의 앞부분에 일정한 음이 규칙
　　　　적으로 배치되는 것.
　　②요운(腰韻) ; 시행이나 연의 중간에 일정한 음이 규칙적
　　　　으로 배치되는 것.
　　③각운(脚韻) ; 시행이나 연의 끝부분에 일정한 음이 규칙
　　　　적으로 배치되는 것.

　*음보율(音步律) ; 음절의 수와 관계없이 발음 시간의 길이가 같은, 소리의 덩어리가 규칙적으로 반복되어 형성되는 운율이다. 우리 시가에서는 3음보 내지 4음보가 반복되어 하나의 휴지(休止)를 형성함으로써 음보율을 이룬다.
　　①3음보 ; 민요의 율격-서민적, 서정적 리듬, 가창(歌唱)에
　　　　적합.
　　　　예)아리랑∨아리랑∨아라리요/아리랑∨배 띄어
　　　　라∨노다 가세.
　　②4음보 ; 시조의 율격-귀족적, 교술적 리듬, 음송(吟誦)에
　　　　적합.
　　　　예)빼어난∨가는 잎새∨굳은 듯∨보드랍고
　　　　(이병기 「난초」)

제4-1강

시의 요소-2

1. 이미지의 개념

*시에서 이미지란 어떤 사물이나 관념을 감각적으로 표현할 수 있는 특수한 표현을 말한다. 시인은 자신의 사상이나 정서를 있는 그대로 서술하거나 설명하는 것이 아니라 이미지를 창조하여 다양하게 표현하기 때문에 이미지는 중요한 역할을 한다. 따라서 시인은 참신하고 독창적이며 개성적인 이미지를 창조하여 시적 정서와 사상을 심화 확대하여 표현하려는 노력을 끊임없이 한다.

*여러 이미지(image)의 집합적 명칭으로 이미저리(imagery)란 용어를 사용하기도 한다. 즉 이미지와 이미저리는 감각적인 체험의 재생이다.

＊흄(T. E. Hulme)은 이미지스트의 선구자로 '시는 표지의 언어로 구성되는 것이 아니라 시각적이고 구체적인 언어로 구성되며, 시인에게 이미지란 단순한 장식이 아니라 직관적인 언어의 정수 그 자체'라고 했다.

＊프레민저(Alex Preminger)는 이미지란 '신체의 지각작용에 의하여 제작되는 감각의 마음 속 재생'이라고 하였다.

＊콜러지(Coleridge)는 '현대에 시인이 자기의 주요한 목적 그리고 시의 가장 특징적인 것으로 새로이 기도하고 있는 것은 새롭고, 솟아나온 이미지라고 생각한다.'라고 하여 이미지의 중요성을 강조하고 있다.

＊브룩스(C. Brooks)와 워렌(R. P. Warren)은 '시에서 어떤 감각체험의 재현은 이미저리라고 불린다. 이미저리는 단순히 마음의 그림으로 이루어지는 것이 아니라 감각의 어떤 것에 호소하게 된다.'라고 말하였다.

＊루이스(Lewis)는 그의 '시학입문'에서 이미지를 가리켜 시어에 의한 회화적 표상이라고 하면서 '이미지는 먼저 시의 주제와 조화를 이루어야하고, 신선하고 독창적이어야 하며, 감각적인 체험의 재생일 것과 비유와 상징 등의 표현기교와 결합되어야 한다고 강조하였다.

제4-1강

*셸리(Shelley)도 이미지에 대하여 '시인의 언어는 이미지다. 그것은 그 이전에는 포착하지 못했던 사물들의 관계를 밝히고 그 포착된 것을 영구히 고착시킨다.'고 했다.

*이미지는 어떤 사물을 설명하거나 묘사하는데 머물지 않고, 감정의 섬세함을 일으켜서 사물의 인식을 선명하게 해 주는데 시인은 자신만의 독특한 이미지를 구사해야 한다.

*각각의 이미지가 시 전체의 이미지와 조화를 이루려면 서로 연합하여 유기적인 관계를 맺어야 한다는 사실을 다음의 언급에서 짐작할 수 있다.

> 한 시의 전체적인 내용과 정서는 각개의 이미지들의 유기적인 결합에 의해서 형성되는 전체적인 이미지를 통해서만 파악할 수 있는 것이다. 이러한 시적 이미지의 조성을 위해서 시인은 함축성 있는 용어는 물론, 은유와 직유에서의 환유, 두운법, 의성법에 이르기까지 모든 시적 기교를 총동원하게 되는 것이다.
> (최창호, 『英詩原論』, 청연사, 1965, P.150)

*이미지의 중요성을 강조한 시기는 1909~1917년 사이에 영국과 미국에서 흄(Hulme)과 파운드(Pound)에 의해 널리 전개되었다. 이 운동의 선구자인 에즈라 파운드(E. Pound)는 '방대한 저작을 남기는 것보다 한평생에 한번이라도 훌륭한 이미지를 만드는 것이 낫다.'고 하여 시에서 이미지의 중

요성을 강조하였다.

　*이미지즘 운동은 현대시의 방향에 커다란 발전을 가져왔다. 이미지를 도외시하고는 시를 이야기할 수 없게 되었다.

　*한 편의 시는 그 자체가 이미지의 한 단위로 시의 최소 의미 단위인 낱말 속에서 구현되어 나타난다. 낱말들은 서로 모여서 하나의 시행을 이루고 그 안에서 심상을 묘사하고 각 시행들이 모여 작품의 전체적인 심상을 구축하게 된다. 각 낱말의 이미지들이 각 행과 연과 작품 전체의 이미지들과 긴밀한 관계를 이루며, 하나의 질서를 이룰 때 시의 확고한 구조를 이룬다.

　*이미지 운동의 선구자인 에즈라 파운드와 머리(J. M. Murry), 리처즈(I. A. Richards) 등도 이미지가 단순한 시각적인 측면보다는, 여러 가지 감각의 지적인 재생이라는 주장을 하여 이미지의 고정적인 면에 치중한데 반하여, 인간의 근본적인 움직임을 하나의 동력으로 파악하고 있는 바슈라르(G. Bachelard)는 이미지의 역동적(dynamic) 측면을 강조하기도 한다.

　2. 이미지의 종류

　*로웰(Lowell Amy)은 이미지를 나타내는 방법을 다음과 같이 설명하였다.
　　①언제나 일상용어를 써야 하며, 항상 정확한 낱말을 골라

써야 한다. 약간 정확한 말이라든가 또는 단순히 장식적
인 말이어서는 안 된다.
②새로운 기분의 표현으로써 새로운 운율을 창조하지
않으며 안 된다. 낡은 운율은 단순히 낡은 기분의
반영에 불과하기 때문에 낡은 운율을 답습해서는 안
된다.
③제목의 선택에 절대 자유를 가져야 한다.
④조그마한 것이라도 정확하게 이미지를 묘사해야 한다.
⑤몽롱하고 부정확한 것이 아닌, 견고하고 명백한 시를 써
야 한다.
⑥긴축을 목표로 해야 한다.

*시각적 이미지(visual image)는 인간의 감각을 통해 구체화되
는 이미지다.
이는 눈으로 볼 수 있도록 선명한 시각 영상을 창조함으로써
언어의 회화적 세계를 말한다. 특히 시각적 이미지는 감각적 이
미지 중에서 가장 기본이 된다.

하이얀 모색(暮色) 속에 피어 있는
산협촌(山峽村)의 고독한 그림 속으로
파아란 역등(驛燈)을 단 마차(馬車)가 한 대 잠기어 가고
바다를 향한 산마루 길에
우두커니 서 있는 전신주 위엔
지나가던 구름이 하나 새빨간 노을에 젖어 있었다.

바람에 불리우는 작은 집들이 창을 내리고
갈대밭에 묻힌 돌다리 아래선
작은 시내가 물방울을 굴리고,
안개 자욱한 화원지(花園地)의 벤치 위엔
한낮에 소녀(少女)들이 남기고 간
가벼운 웃음과 시들은 꽃다발이 흩어져 있었다.
외인 묘지(外人墓地)의 어두운 수풀 뒤엔
밤새도록 가느단 별빛이 내리고,

공백(空白)한 하늘에 걸려 있는 촌락(村落)의 시계(時計)가
여윈 손길을 저어 열 시를 가리키면,
날카로운 고탑(古塔)같이 언덕 위에 솟아 있는
퇴색(退色)한 성교당(聖敎堂)의 지붕 위에선

분수(噴水)처럼 흩어지는 푸른 종소리.
　　　　　　　　　　　　　김광균 「외인촌外人村」

　김광균의 이 시는 마치 한 폭의 수채화 같은 낯선 외인촌(外人村)의 풍경을 통해 현대인의 고독과 우수를 그리고 있다. 이 시에서는 노을이 지는 산골 마을의 풍경과 어둠이 내린 마을의 정적, 그리고 외인 묘지의 밤 풍경과 '분수'를 시각적 이미지로 그려내고 있다.
　우리나라에서 이미지즘 운동이 일어난 것은 1930년대이다. 1930년대에 최재서가 영미계통의 주지주의(主知主義) 시 이론을 받아들이면서부터 성행했다. 김기림을 비롯한 김광균, 장서언 등

이 활동했다.

*청각적 이미지(auditory image)는 인간의 감각기관에 의한 이미지, 즉 시각, 청각, 미각, 촉각, 후각 이미지 중의 하나다.

　　북국(北國)에는 날마다 밤마다 눈이 내리느니,
　　회색 하늘 속으로 흰 눈이 퍼부을 때마다
　　눈 속에 파묻히는 하아얀 북조선이 보이느니.
　　가끔가다가 당나귀 울리는 눈보라가
　　막북강(漠北江) 건너로 굵은 모래를 쥐어다가
　　추위에 얼어 떠는 백의인(白衣人)의 귓불을 때리느니

　　춥길래 멀리서 오신 손님을
　　부득이 만류도 못하느니,
　　봄이라고 개나리꽃 보러 온 손님을
　　눈 발귀에 실어 곱게 남국에 돌려보내느니.

　　백웅(白熊)이 울고 북랑성(北狼星)이 눈 깜박일 때마다
　　제비 가는 곳 그리워하는 우리네는
　　서로 부둥켜안고 적성(赤星)을 손가락질하며 얼음 벌에서 춤추느니.

　　모닥불에 비치는 이방인의 새파란 눈알을 보면서,
　　북국은 추워라, 이 추운 밤에도
　　강녘에는 밀수입 마차의 지나는 소리 들리느니,
　　얼음장 트는 소리에 쇠방울 소리 잠겨지면서.

오호, 흰 눈이 내리느니, 보오얀 흰 눈이
북새(北塞)로 가는 이사꾼 짐짝 위에
말없이 함박눈이 잘도 내리느니.

김동환 「눈이 내리느니」

　김동환의 이 시는 원래 '적성(赤星)을 손가락질하며'라는 제목으로 발표되었는데, 시집 '국경의 밤'에 수록될 때 제목이 '눈이 내리느니'로 바뀐 것이다. 이 시의 배경이 되는 북방은 '날마다 밤마다' 눈이 내리는 추운 곳이며, 막북강 건너에서 불어오는 모래 바람이 귓불을 때리는 황량한 곳이다. 따뜻한 고향을 뒤로 하고 추운 북방으로 이주할 수밖에 없었던, 국권을 상실한 우리 민족의 비극적 운명을 나타내고 있다. '서로 부둥켜 안고 적성을 손가락질'하지만 고향으로 돌아갈 수 없는 유민(流民)의 현실을 보여준다.
　결국 밀수입으로 살아갈 수밖에 없는 고달픈 삶과 자신들의 운명은 갈수록 비극적이고 참담해질 것이라는 인식하에 자신의 불행을 감내하려는 굳센 의지를 표출하고 있다. 이 시는 극한의 추위가 귓불을 때리며, 밀수입 마차 소리와 '얼음장 트는 소리에 쇠방울 소리'를 들으면서도 인내해야 하는 유민의 모습을 청각적인 이미지로 묘사함으로써 그들만의 고단한 삶의 모습을 효과적으로 나타내고 있다.

　*비유적 이미지(figurative image)는 대유, 환유, 풍유, 의인법 등이 사용되어 이미지를 형성한다.

껍질을 더 벗길 수도 없이
단단하게 마른
흰 얼굴

그늘에 빚지지 않고
어느 햇볕에도 기대지 않는
단 하나의 손발

모든 신들의 거대한 정의 앞엔
이 가느다란 창끝으로 거슬리고

생각하던 사람들 굶주려 돌아오면
이 마른 떡을 하룻밤
네 살과 같이 떼어 주며

결정(結晶)된 빛의 눈물,
그 이슬과 사랑에도 녹슬지 않는
견고한 칼날 — 발 딛지 않는
피와 살

뜨거운 햇빛 오랜 시간의 회유에도
더 휘지 않는
마를 대로 마른 목관 악기의 가을
그 높은 언덕에 떨어지는,

문학개론강좌

굳은 열매

씁쓸한 자양(滋養)에 스며드는
네 생명의 마지막 남은 맛!

김현승「견고한 고독」

이 시는 전체적으로 비유와 의인화로 되어 있다. 고독의 관념을 매개로 하는데 '견고한 고독'은 '굳은 열매'로 비유되어 있고, '흰 얼굴', '손발', '창끝', '칼날' 등의 이미지들은 고독의 열매를 달고 있는 나뭇가지 즉, 자신임을 알 수 있다. 고독의 열매에 자양분을 주고 그것을 가꾸기 위해서는 '그늘'과 '햇볕'의 어느 한쪽으로 기울지 않고 자신의 영역을 지킬 수밖에 없다는 것이다. 신과 인간의 관계는 '창끝'과 '마른 떡'을 제 살과 같이 떼어 주는 것으로 결국은 신과 인간의 합일의 경지에 들어가는 데에는 시련과 고통이 있으며, '열매'는 혼신의 노력 끝에 이루어지는 '생명의 마지막 남은 맛'이라고 말한다.

*상징적 이미지(symbolic image)는 가장 빈번하게 사용되는 유형이다.

내 고장 칠월은
청포도가 익어 가는 시절.

이 마을 전설이 주저리주저리 열리고,
먼 데 하늘이 꿈꾸며 알알이 들어와 박혀.

제4-1강

하늘 밑 푸른 바다가 가슴을 열고
흰 돛단배가 곱게 밀려서 오면,
내가 바라는 손님은 고달픈 몸으로
청포(靑袍)를 입고 찾아온다고 했으니,

내 그를 맞아, 이 포도를 따 먹으면,
두 손을 함뿍 적셔도 좋으련.
아이야, 우리 식탁엔 은쟁반에
하이얀 모시 수건을 마련해 두렴.

이육사 「청포도」

 이 시는 화자가 '청포도'를 통해 밝은 미래의 풍요로운 삶과 인간의 새로운 만남을 나타내고 있다. 또한 '내가 바라는 손님은 고달픈 몸으로 / 청포를 입고 찾아온다고 했으니'라는 표현은 그러한 만남이 이루어지리라는 굳은 믿음을 가지고 있다. 그를 찾아오는 손님은 오랫동안 풍요로운 삶을 상실한 채 살아가는 '고달픈' 나그네다. 이 시의 '청포도'는 풍요롭고 아름다운 삶을 이루고자 하는 소망을 상징적으로 나타내며, 미래에 대한 희망을 노래하고 있다.
 상징적 이미지에는 시인이 추구하는 내적 가치가 고도의 상징과 압축에 의해 구체적화 된 작품으로 서정주의 작품을 들 수 있다.

 내 마음 속 우리 임의 고운 눈썹을

즈믄 밤의 꿈으로 맑게 씻어서
하늘에다 옮기어 심어 놨더니
동지 섣달 날으는 매서운 새가
그걸 알고 시늉하며 비끼어 가네.

서정주「동천冬天」

이 시는 짧은 형식 속에 인간의 본질과 의미라는 무게 있는 주제를 다룬다. 모든 설명을 배제하고 고도의 상징적 수법을 구사하여 강렬한 언어의 긴장을 이루는 고차원적인 시다. 이 시의 핵심적인 이미지는 '눈썹'과 '새'로 이루어진다. 싸늘하고 투명한 겨울 밤하늘에 초승달이 떠 있고, 그 곁으로 '매서운 새' 한 마리가 날고 있는 모습이다. '눈썹'은 오랜 세월에 걸친 시인의 숭고한 정신적 가치이며, 그것을 하늘에 심어 놓았다는 것은 절대적 경지로 승화시켰다는 의미다. 따라서 '매서운 새'조차도 절대적 가치에 대한 외경심으로 비끼어 가는 것이다. 결국 '눈썹(달)'과 '새'의 거리는 그들 사이에 범접할 수 없는 절대적 진리와 인간의 유한성 사이의 극복할 수 없는 단절을 상징하는 것이라 할 수 있다.

*시인은 효과적인 이미지 창출을 위해서 감각적 이미지를 동시에 둘 이상 같은 대상에 적용시킨다. 이와 같이 여러 가지 감각이 섞여서 하나의 효과를 나타내는 이미지를 공감각적 이미지(Synesthésie image)라고 한다.

'안개 자욱한 화원지(花園地)의 벤치 위엔

한낮에 소녀(少女)들이 남기고 간
가벼운 웃음과 시들은 꽃다발이 흩어져 있다.'

'분수(噴水)처럼 흩어지는 푸른 종소리.'

'술 익는 마을마다 / 타는 저녁 놀'

'피부의 바깥에 스미는 어둠
낯설은 거리의 아우성 소리
까닭도 없이 눈물겹고나.'

'금(金)으로 타는 태양의 즐거운 울림.'

'아침빛이 다시 삐걱거리면서 내려온다.'

'오솔길은 피 먹은 얼굴로 산비탈을 내려오고 있다.'
등은 공감각적인 이미지에 의한 수사방법.

제4-2강

시의 요소-3

1. 시의 표현 기법

*시를 표현하는 본질적 기교는 비유와 상징이다. 이는 대상과 사물에 대한 진부한 접근을 거부하고 언어를 낯설게 사용하여 대상과 사물에 대한 진실에 접근하려는 의도에서 연유한다. 시적 말하기를 리처즈(I. A. Richards)는 일상적·과학적 '진술(陳述)'이 아닌 '가진술(假陳述, pseudo statement)'이라고 하였다. 이와 같이 시의 주요한 표현 기법에는 비유와 상징, 반어와 역설 등이 있다.

1) 비유의 정의

*비유는 본래 나타내고자하는 대상(원관념)을 다른 대상(보조

관념)에 빗대어 나타내는 표현 기법으로, 두 대상 사이의 유사성을 기반으로 성립된다.

비유에는 여러 가지가 있지만 순수한 시적 비유에는 직유(直喩), 은유(隱喩)를 말하고, 의인(擬人), 대유(代喩) 등 여러 가지가 있으나 시적 이미지로는 직유와 은유가 대표적이다.

(1) 직유(直喩, simile)는 비유법의 하나로 표면적인 비교를 말한다. 직유는 수사법 중에서 가장 고전적인 방법으로 사용되었는데, 이는 하나의 사물을 다른 사물과 직접적으로 비교하는 비유법이다. 직유는 보통 '～처럼, ～마냥, ～같이, ～보다, ～하듯, ～인양, ～하듯' 등으로 비교하는 조사가 원관념과 보조관념 사이에 온다.

꽃가루와 같이 부드러운 고양이의 털에
고운 봄의 향기(香氣)가 어리우도다.

금방울과 같이 호동그란 고양이의 눈에
미친 봄의 불길이 흐르도다.

고요히 다물은 고양이의 입술에
포근한 봄 졸음이 떠돌아라.

날카롭게 쭉 뻗은 고양이의 수염에
푸른 봄의 생기(生氣)가 뛰놀아라.
　　　　　　　　이장희「봄은 고양이로다」

이 시는 봄을 상징하는 소재로 '고양이'를 등장시키고 있다. 예리한 관찰력을 바탕으로 고양이와 봄의 이미지를 절묘하게 결합하여 감각적으로 표현하였다. '고양이의 털'을 '꽃가루'에 비유법인 직유를 써서 자연스럽게 향기로 이어지도록 하고 있다.

시인 이장희는 고양이를 통해 봄의 곱고 부드러운 여성적 분위기의 정태적(情態的) 시어들과 고양이의 다소 거칠고 과격한 남성적 분위기의 동태적(動態的) 시어를 대립시키는 예리한 감각적인 시를 탄생시켰다. 이 시는 시인의 예리한 관찰력과 뛰어난 감각으로 봄과 고양이의 다양한 이미지를 유기적으로 결합시키고 있다. 이와 같이 직유는 비슷한 두 개의 사물이나 관념을 비교하여 구체적인 시의 이미지를 새롭고 신선하며 개성적으로 드러내고 있다.

(2) 은유(隱喩, metaphor)는 암유(暗喩)라고 하여 숨겨놓고 하는 비유로 전이(transfer)를 의미한다. 은유(metaphor)는 meta(cover)+phora(carrying)로 위로 옮겨지는 전이를 나타낸다.

은유는 시적 생명인 의식적, 자각적 요소를 자유로이 구사함으로써 시의 중요한 관념을 표현하는 반드시 필요한 요소가 되었다. 특히 현대시에서 은유는 시의 중요한 본질적인 방법의 구조가 되었다. 은유가 발생하게 된 계기는 인간의 새로운 사상의 생성에 따르는 완벽한 언어의 구조가 부족한데서 연유했다는 것이다.

은유의 기본 원리는 A=B의 등식으로 'A(원관념)는 B(보조관념)이다.' 또는 'B인 A'의 형식으로 진술된다.
 리처즈는 선어(先語) A를 원관념으로 후어(後語) B를 보조관념으로 호칭하고 '선어와 후어의 은유적 결합은 선어와는 엄연히 구별되는 새로운 의미를 산출한다. 선어에 대하여 후어는 단순한 장식이 아니라 이의 결합에 의하여 좀 더 다양하고 생명력 있는 새로운 의미를 창조해 내는 작용을 한다.'고 하여 A와 B가 시적 은유인 은유의미를 형성한다는 것이다.
 시는 언어를 통해 시인의 상상력을 발휘하여 여러 가지 '이미지'를 형성하여 이것을 가시적인 세계로 형상화하는 것이다. 따라서 시는 표현하는 시인의 언어 사용법에 의해 그 은유형태도 각각 다양하게 나타날 수밖에 없는 것이다.

 내 마음은 호수요,
 그대 노 저어 오오.
 나는 그대의 흰 그림자를 안고 옥같이
 그대의 뱃전에 부서지리다.

 내 마음은 촛불이요,
 그대 저 문을 닫아 주오.
 나는 그대의 비단 옷자락에 떨며, 고요히
 최후의 한 방울도 남김없이 타오리다.

 내 마음은 나그네요,
 그대 피리를 불어 주오.

나는 달 아래 귀를 기울이며 호젓이
나의 밤을 새이오리다.

내 마음은 낙엽이요,
잠깐 그대의 뜰에 머무르게 하오.
이제 바람이 일면 나는 또 나그네같이, 외로이
그대를 떠나오리다.

김동명「내 마음은」

　이 시는 은유의 좋은 예를 찾아볼 수 있다. '내 마음'을 원관념으로 내 놓은 다음 그에 상응하는 '호수', '촛불', '나그네', '낙엽' 등을 보조관념으로 제시하는 은유법을 쓰고 있다. 시인은 이 시의 전반부에서는 사랑의 정열을 후반부에서는 사랑의 애상적인 면을 노래한 것으로 볼 수 있다. 따라서 이 시는 처음에는 사랑이 불타오르는 것 같지만 결국은 외롭고 슬프게 끝나고 마는 사랑의 무상함을 표현한 것이라고 할 수 있다. 이 시는 사랑에 대한 자신의 마음 상태와 그 변화를 여실히 보여주고 있다.

　(3) 의인(擬人, personification)은 사람이 아닌 대상을 사람처럼 빗대어 나타내는 방법이다. 이 수사법은 예로부터 많이 쓰던 은유의 한 변형이라고 할 수 있으며, 일명 활유(活喩)라고도 한다.

　까마득한 날에

제4-2강

하늘이 처음 열리고
어디 닭 우는 소리 들렸으랴.

모든 산맥들이
바다를 연모(戀慕)해 휘달릴 때에도
차마 이곳을 범(犯)하던 못하였으리라.

끊임없는 광음(光陰)을
부지런한 계절이 피어선 지고
큰 강물이 비로소 길을 열었다.

지금 눈 내리고
매화 향기(梅花香氣) 홀로 아득하니
내 여기 가난한 노래의 씨를 뿌려라.

다시 천고(千古)의 뒤에
백마(白馬) 타고 오는 초인(超人)이 있어
이 광야(曠野)에서 목놓아 부르게 하리라.
　　　　　　　　　　　이육사 「광야曠野」

 이 시는 일제 강점기 비극적인 현실의 극한점에서 광막한 공간과 아득한 시간을 배경으로 한 현실 극복의 의지를 노래한 시다. 이 시는 시간의 흐름에 따른 광야의 변화상을 묘사하여 광복에의 의지와 신념을 나타내고 있다. 제1연의 '닭 우는 소리'는 대유법으로 사람의 자취나 생명체를 의미한다. 제2연에서는 '모든 산맥들이~범하던 못하였으리라.'라고 하여 의인법을 사용하여 역동적인 이미지로 광야의 광활함과 신성함을 나타내고 있다. 결국 조국 광복에의 신념과 의지를 '매화 향기'와 '노래의 씨'로 가혹한 현실을 이겨낼 수 있는 미래 지향적인 새 역사의 도래로 이끌겠다는 강인함을 드러내고 있다.

 (4) 대유(代喩)는 표현하고자 하는 대상을 그 대상의 한 부분으로 대표하여 나타낸다든지, 그 대상의 속성으로 대표하여 나타내는 방법인데 여기에는 환유(換喩)와 제유(提喩)가 있다.
 환유(換喩, metonymy)는 표현하고자 하는 대상과 관계있는 사물이나 그 대상의 속성으로 표현하는 수사법이다. 예를 들면 '푸른 물 흐르는 정에 / 눈물 비친 흰 옷자락'(정완영의「조국」)에서 '흰 옷자락'은 '백의민족'이라는 한민족의 특성으로 '조국'을 의미한다.
 제유(提喩, synecdoche)는 같은 종류의 사물 중에서 어느 한 부분으로써 전체를 알 수 있게 나타내는 비유법이다. 예를 들면 '빼앗긴 들에도 봄은 오는가'(이상화의「빼앗긴 들에도 봄은 오는가」)에서 '조국' 이나 '국토'를 '들'이라는 부분적인 요소로 대표하여 나타내었다.
 이 외에 인유(引喩)는 고전이나 역사 그리고 고사 등에서 알려진 인물이나 스토리 등을 인용하여 쓰는 비유법을 말하며, 우유(寓喩)는 본래의 뜻을 완전히 숨기고, 본래의 뜻을 암시하는 것으로 속담이나 격언 등에 많이 쓰인다.

제5-1강

시의 요소-4

2. 상징

　*상징(象徵, symbol)은 시의 표현 기교 중에서 가장 많이 쓰이는데, 이는 표현하고자 하는 추상적인 사물이나 관념 또는 사상을 구체적인 사물로 대신하여 나타내는 방법으로 원관념이 드러나지 않은 채 보조관념만으로 진술되는 것이 비유와 형식적으로 다르다.
　상징(symbol)은 원래 '조립한다'거나 '짜 맞춘다'는 그리스어 symballein에서 유래한 말이다. 상징은 기호로서 다른 어떤 것을 '대신하는' 기능을 가진다. 또한 은유는 두 관념 사이의 유사성을 근거로 하여 성립되는데, 상징은 원관념이 배제된 보조관념으로만 성립하여 암시와 함축을 바탕으로 이루어지는 것이 특징이다.

＊울반(W. M. Urban)은 '모든 상징은 무엇인가를 표시하고, 이중의 지시를 갖으며, 그 속에는 진실과 허구를 포함하며, 이중의 적절성이 있어야 한다는 것', 즉 원관념과 보조관념 사이에 긴밀한 유사성이 있어야 한다는 것이다.

＊상징은 고차원적인 해석을 통해서만 그 의미가 표현되고 또한 그 의미구조가 드러난다고 해도 애매 모호성을 동반하는 것이 특징인데, 즉 상징적 이미지가 환기하는 개념의 복합체로써 애매모호한 다양성을 지니는 확장되고 복합된 의미를 나타내고 있다.

＊상징은 시적 의미와 인식의 '확대'보다는 '심화'의 측면을 지닌다. 이러한 상징은 '관습적 상징(conventional symbol)'과 '풍유적 상징(allegorical symbol)'으로 나눌 수 있으며, 관습적 상징은 제도적 상징(institutional symbol)으로도 불리는데 이는 보조관념만으로 원관념을 해석해야하는 상징의 기본 원칙을 보여주어 사회적, 역사적 관습에 익숙하지 않으면 난해할 수밖에 없다.
예를 들면 십자가는 기독교를 상징하고, 비둘기는 평화를, 장미는 정열과 사랑을, 국기는 나라를 상징하는 것들이 있다. 반면에 풍유적 상징은 신화나 전설 또는 설화 등을 문학적 현실로 끌어들이는 것인데, 예를 들면 전봉준의 '파랑새야'라는 시에서 '파랑새'의 의미는 동학란, 혁명이라는 우리나라의 고유한 역사적 현실에서만 파악될 수 있는 특징을 지닌다.

*상징은 언어의 빈약한 표현력을 풍부하게 하려는 창조적 시정신의 하나다. 따라서 시인의 개성적 의미부여로 다양한 해석이 가능하므로 의미의 모호성은 강해질 수밖에 없다. 특히 현대시에서 상징은 원관념을 제시하지 않고서도 의미영역을 확대, 심화하고 있어 시적 포괄성과 깊이가 더 복잡할 수 있는 것이 사실이다.

    한 송이 국화꽃을 피우기 위해
    봄부터 소쩍새는
    그렇게 울었나 보다.

    한 송이 국화꽃을 피우기 위해
    천둥은 먹구름 속에서
    또 그렇게 울었나 보다.

    그립고 아쉬움에 가슴 조이던
    머언 먼 젊음의 뒤안길에서
    인제는 돌아와 거울 앞에 선
    내 누님같이 생긴 꽃이여.

    노오란 네 꽃잎이 피려고
    간밤엔 무서리가 저리 내리고
    내게는 잠도 오지 않았나 보다.
                                 서정주「국화 옆에서」

이 시는 국화꽃을 피우기 위한 고뇌와 시련을 통해 삶의 본질을 추구하고 있다. 어떠한 생명체의 탄생이라도 치열할 수밖에 없다는 사실을 선명히 보여주고 있다. 이 시에서의 '소쩍새의 울음', '천둥의 울음', '무서리' 등을 등장시켜 봄부터 가을까지 국화꽃을 피우기 위해 안타까움과 고뇌의 아픔을 겪어야 하는 과정을 제시하고 있다. 세상의 모든 일은 '인(引)과 연(緣)'의 결합으로 어떠한 결과가 발생한다는 불교의 인연설(因緣說)을 바탕으로 하고 있다.

여기서 국화꽃을 '머언 먼 젊음의 뒤안길에서 돌아와 거울 앞에 선 누님'과 같다는 표현은 온갖 희로애락을 겪고 자아를 성찰하는 원숙함과 평온한 아름다움의 상징이라고 할 수 있다.

3) 반어(反語, irony)는 겉으로 드러내는 표현과 속뜻이 서로 어긋남으로써 빚어지는 시적 긴장을 말한다. irony는 희랍어 eironeia에서 온 말로 '감춤'과 '위장'의 뜻을 지닌다. 실제로 아이러니라는 용어는 '겉보기와 실상이 다른'이라는 뜻과 '표면적 진술과 실제적인 의도에는 상이점이 있다.'는 의미를 지닌다.

*수사학자들은 아이러니를 '화자는 이중 의미를 의식해서 말하지만 상대방은 그것을 깨닫지 못하고 속는 경우'라고 하여, 아이러니가 암시적인 속뜻을 감추고 상반된 표면만을 드러낸다는 것을 알 수 있다. 결국 아이러니는 진술 자체에는 모순이 없으나 진술된 언어와 이것이 지시하는 대상이나 숨겨진 의미 사이에서는 모순이 생기는 것을 말한다.

나 보기가 역겨워
가실 때에는
말없이 고이 보내드리오리다.

영변(寧邊)에 약산(藥山)
진달래꽃
아름 따다 가실 길에 뿌리오리다.

가시는 걸음 걸음
놓인 그 꽃을
사뿐히 즈려 밟고 가시옵소서.

나 보기가 역겨워
가실 때에는
죽어도 아니 눈물 흘리오리다.

김소월「진달래꽃」

  이 시는 김소월의 대표적인 명작으로 전통적인 이별의 정한을 토속적인 시어와 민요적인 가락으로 노래하고 있다. 이별의 슬픔을 강한 의지로 극복해 내는 여인을 시적 화자로 내세워 이별의 정한을 승화시킨 작품이다. 이 시는 임과의 이별을 원망하기보다는 체념과 인종의 자기희생으로 승화시키는 전통적인 유교적 여성상을 보여 준다.
  이 시에서 '진달래꽃'의 의미는 떠나는 임에 대한 시적 화자의 희생적인 사랑을 상징한다. 또한 겉으로는 떠나는 임에 대한 사랑과 축복을 보내지만, 이면에는 결코 떠나보내고 싶지 않은 강한 만류가 있다. '죽어도 아니 눈물 흘리오리다.'라는 표현은 오히려 떠나는 임으로 인해 울음을 터뜨릴 수밖에 없다는 반어적인 표현이다.

  4) 역설(逆說, paradox)은 'para(넘어서다)+doxa(의미)'의 합성어로 겉으로는 모순되고 불합리하여 진리에 반대하고 있는 듯하나 실질적인 내용은 진리인 말을 의미한다.

*브루스와 워렌은 '파라독스(paradox)는 표현상 모순되는 것처럼 보이지만 진실의 요소를 포함하고 있는 진술이다. 진술의 형태와 실제적인 함축 사이에 대조적 요소가 있기 때문에 역설은 irony와 밀접하게 연관된다.'고 하였다.

*역설과 반어는 시의 구조에 포함되는 문학적 요소들 즉, 주제, 구성, 운율, 비유, 상징, 풍자 등이 미묘한 어조의 세계를 형성하고 있다. 역설의 본질은 모순성과 그 모순의 극복에 있으며, 결국 이러한 모순들을 극복하여 초월적 진리로 승화시키는 데 있다.

*역설은 사물을 바라보는 독특한 시점의 하나로 다양해지는 현대의 복잡성을 드러내는데 적합한 현대시의 한 방법으로, 이는 세계의 진실에 대한 폭넓은 인식을 가능하게 해주는 복합성의 미학을 지닌다. 따라서 시적언어의 고도한 사용방식이라 할 수 있다.

이별은 미(美)의 창조입니다.
이별의 미는 아침의 바탕(質) 없는 황금과 밤의 올(絲) 없는 검은 비단과 죽음 없는 영원의 생명과 시들지 않는 하늘의 푸른 꽃에도 없습니다.
님이여, 이별이 아니면 나는 눈물에서 죽었다가 웃음에서 다시 살아날 수가 없습니다.
오오, 이별이여.
미는 이별의 창조입니다.

한용운 「이별은 미(美)의 창조」

 이 시는 한용운의 시 전체를 꿰뚫는 역설의 미학이 나타나고 있는 작품이다. 이별로 인해 소중한 임의 존재를 깨닫게 하는 계기가 된다. 부정을 통한 긍정과 그것을 다시 부정함으로써 더 큰 긍정의 길을 준비하는 것으로 불교적 역설이 그 근간의 이루며 역동적인 느낌을 준다. 특히 '아침의 바탕(質) 없는 황금', '밤의 올(絲) 없는 검은 비단', '죽음 없는 영원한 생명', '시들지 않는 푸른 꽃'에서는 밝음이 어둠에서 그 의미가 있듯이, 그 긍정적 가치는 부정적 가치의 존재에서 그 생명력을 발휘할 수 있다는 역설적 표현이 드러나 있다.
 결국 '다시 만남'이라는 미의 창조를 위해서는 이별이 의미가 있으며, '눈물에서 죽었다가 웃음에서 다시 살아날 수가' 있다는 사실이 역설적이다.

5-2강

시의 요소-5

1. 언어유희

　*언어유희(pun)는 '다른 의미를 암시하기 위한 말이나 다른 의미를 가진 말을 해학적(諧謔的)으로 사용하는 것'으로 한 마디로 '말장난'을 뜻한다.

　*언어유희는 말 재롱(paronomasia)이라고도 하는데 기지와 지적인 광채가 나타나고 풍자적 분위기를 그려낸다.

　*언어유희는 '두 개의 뜻을 가진 단어의 사용'과 '달리 표기되지만 같은 발음을 가진 두 단어의 뜻의 유사성', '꼭 같이 발음되고 표기되지만 다른 뜻을 가진 두 개의 단어' 등을 포함하는 것을 말한다.

제5-2강

고독(孤獨)이 매독(梅毒)처럼
꼬여 박힌 8字면
청계천변 작부를
한아름 안아보듯
치정(癡情)같은 정치(政治)가
상식(常識)이 병(病)인 양하여
포주(抱主)나 아내나
빗과 살붙이요
현금(現金)이 실현(實現)하는 현실(現實) 앞에서
다달은 낭떠러지
　　　　송욱(宋稶), 「하여지향(何如之鄕)5」 중에서

이 시에서는 동음이의(同音異義)의 말을 장난삼아 쓰는 언어유희(pun)가 나타난다. 송욱은 1950년대의 시대상을 적나라하게 드러낸 대표적인 작가 중의 한 사람이다. 그는 끝말을 이어 쓰거나 앞뒤를 뒤집는 '치정 같은 정치'나 '실현하는 현실' 등에서 우리말이 지니는 특성을 토대로 다양한 말놀이의 일종이라고 할 수 있는 이 시의 실험적 탐구는 말의 뜻과 음상(音相)이 결합하여 또 다른 의미를 나타내고 있다.

2. 시적 화자

*시적 화자는 시인에 의해 창조된 허구적 자아로 실제로 시에서 시를 읽는 사람에게 말을 건네는 사람이다.

*일반적으로 시에서 화자(말하는 사람)는 '나'이다. 즉 '나'의 독백 형식을 취하고 있는 사람(시적 화자)이 시를 쓴 사람(작가)과 일치한다고 볼 수는 없다. 예를 들어 김소월의「진달래꽃」에서 시적 화자는 한 여인으로 작가 자신과 구별되고 있음을 알 수 있다. 이와 같이 현대시에서는 흔히 시적화자와 작가를 구별한다.

　*융(Jung)은 시적 화자를 퍼소나(persona)라고 하여 이후 시적 화자는 일반적으로 퍼소나라고 부르게 되었다.

　*시적 화자를 '제2의 자아(second self of the author)' 또는 '극적인 자아(dramatic speaker)'라고 부르는 것은 실제의 작가 자신이 아니라는 사실을 강조하고 있다.

　*퍼소나(persona)는 고대 그리스, 로마 연극에서 배우들이 사용했던 가면(假面)을 가리키는 말 personandod에서 유래한 연극 용어로, 배우가 쓰는 가면, 배우의 역할의 의미를 거쳐 인물이나 개성으로 불리게 되었다.
　(George T. Wright, 『The Poet in the poem』(Gordian Press, 1974, p.9)

　*엘리엇(T. S. Eliot)은 '첫 음성은 다른 누구도 아닌 자기 자신에게 말하는 시인의 음성이다. 둘째는 크나 작으나, 한 청중에게 말하는 시인의 음성이다. 셋째는 시인이 만들어낸 한 극중 인물로 하여금 시로서 말을 하게 하려고 할 때의 시인의

음성이다.'라고 하여 시적 화자가 청자인 자기 자신에게 말하는 내면적인 유형과 시적 화자가 청자인 타인에게 말하는 외형적인 유형과 시적 화자인 가상 인물이 청자인 가상인물에게 말하는 상상적 유형으로 나누고 있다.

문학개론강좌

제6-1강

시의 분류-1

1. 형태적 분류

*시의 형태는 여러 가지 구성요소들에 의하여 정형시·자유시·산문시로 나누고, 내용에 따라 서정시·서사시·극시로 나눈다.

1) 정형시

*정형시(rhymed verse)는 형식이 일정하게 고정되어 있는 시를 말한다.
*정형시는 언어의 운율적인 생성을 위한 일정한 규범으로써 시 정서의 표현을 유효하게 고조하려는 시의 한 방법이다.
(조지훈,「시의 원리」, 산호사, 1953)

*백철은 정형시가 어떤 인습이나 제도에 의해 탄생하였고, 내용과 형식 관계에서 생겼다는 사실을 다음과 같이 언급하고 있다.

첫째는 마치 우리들의 일상생활에 있어서 인습이나 제도와 같은 경우이다. 사람을 그때 생활을 위한 필요상 사회의 제도를 만들지만 나중에는 반대로 그 제도와 인습에 매어서 살게 된다. 한번 만들어진 제도와 인습은 좀처럼 고치기 어려운 것이다. 그와 마찬가지로 시의 형식도 처음엔 필요가 있어 만들었지만 뒤에 가선 그 형식에 매어서 시를 써야만 하게 되었다.
둘째는 문학에 있어서 내용과 형식의 관계를 말해주고 있다. 처음엔 내용이 동기로 되어서 형식이 만들어지지만 뒤에 가선 형식이라는 만들어진 틀 속에 내용을 잡아넣게 된다.
그러므로 문학에선 내용이 형식을 지배하는 경우와 반대로 형식이 내용을 지배하는 경우가 있는 것이며 이 정형시라는 것은 형식이 내용을 쥐고 있는 경우이다.

*한시의 오언절구·칠언절구, 우리나라의 시조·향가·민요·가사·창가 서양의 소네트(sonnet)·무운시(blank verse) 등은 자수율을 중심으로 이루어진 정형시에 속한다.

2) 자유시

*자유시(free verse)는 특정한 형식에 얽매이지 않고 자유롭게

쓴 시로 현대시는 대부분 여기에 속한다.

*자유시는 정형시와 대치되는 개념으로 일정한 운율이나 형식으로부터 자유로운 형태를 말한다.

*자유시는 정형시의 규격을 벗어남으로써 시 정신을 자유롭게 확장 활용한 것으로 형식에서 산문적 자유성을 얻고, 내용에서 운문적 율조를 얻어 이 양자를 조화하는 곳에 자유시가 위치한다는 것이다.

(조지훈, 「시의 원리」, 산호사, 1953)

*서정주는 '시문학원론'에서 한국의 자유시에 대하여 다음과 같이 언급하였다.

> 개화 이후 자유시가 번성한 이유는 단순히 그 정신이 형식적 구속을 벗어나려는 데에만 있지 않았다. 물론 신문화 정신에 대응하는 자유로운 형식으로써 자유시가 생각된 점도 없지는 않았겠지만 서양의 각종 정형시적 시험을 두고 자유시의 길을 택한 데에는 우리나라와 일본의 시형식의 전통이 그 운율의 형식에 미비한 전통을 가졌던 데에 큰 원인이 있다.

3) 산문시

*산문시(prose poetry)는 시행의 구분이 없이 산문처럼 문단만을 나누거나 계속 잇달아 쓴 시를 말한다.

*산문시는 형태면에서 행과 연의 구분이 없다는 점에서는 산

제6-1강

문과 구분이 안 되지만, 산문시에는 산문에는 없는 형태상의 함축과 시의 정신을 포함하고 있다.

*산문시의 형식이 성립하게 된 것은 시대적 흐름과 더불어 새로운 시에 대한 형식을 탐구하려는 시인들의 결과물이라고 할 수 있다.

*새로운 시의 형식을 추구하는 시인들의 노력이 계속되는 한 또 다른 시의 형태적 분류를 도외시할 수는 없을 것이다.

*조지훈은 그의 '시의 원리'에서 산문시가 일반 산문과 다른 것은 서정시의 일종으로 그 내용에 있어서는 시적인 요소를 중시하며 다음과 같이 언급하고 있다.

> 산문시는 자유시의 일부분으로 거기서 출발하여 자립한 것이니 표현력이 왕성한 시인에 있어서만 걸작이 기대될 수 있는 성질의 것이다. 왜 그러냐 하면 산문시는 그 형식에서보다도 내용에서 시가 되느냐, 하나의 평범한 산문이 되느냐가 결정될 것이기 때문이다. 미묘(美妙)한 음악의 미는 발휘되지 않더라도 내용의 조리(調理)는 산문과는 달리 시 정신에 의해서 이루어진 것이라야 비로소 산문시가 되는 것이다.

2. 내용상의 분류

*시는 그 내용에 따라 서정시(lyric poetry)·서사시(epic poet

ry)·극시(dramatic poetry)로 분류한다.

  *아리스토텔레스는 『詩學』에서 모방이 되는 양식의 차이에 따라 분류하였고, 헤겔(Hegel)은 시 종류의 상위에 따라 구분하고 있다.

  *허드슨(Hudson)은 서정시를 주관시로, 서사시와 극시는 객관시로 분류하였다.

  1) 서정시(lyric poetry)

  *서정시(lyric poetry)는 한 마디로 개인적인 사상과 감정을 읊은 것으로 근대시 이후로 주류를 이루고 있으며, 주관적이고 그리 길지 않게 표현하는 것이 특징이다.

  *서정시라 부르는 'lyric poetry'는 고대 그리스 시대에 리라(lyra)라는 일종의 현악기에 맞추어 노래를 부른 데서 유래된 말인데, 'lyric'은 서정적인 시를 의미하는 것이 아니라 주정시는 물론이거니와 주지시까지도 포함하는 일반적인 시를 의미한다.

  *허드슨은 서정시의 기본이 되는 정서의 성격과 성질의 표현방법을 조사해야하고, 간결과 압축을 통해 정서적인 힘을 얻어야하는 것은 사실이지만 지나친 손질은 그 효과를 감소시킨다고 지적하며, 서정시의 정수인 개성보다는 인간적인 것을 구체화시켜야 한다는 것을 강조하고 있다.

  *서정시의 영역은 단순한 인간의 사상과 감정을 짧은 형식으로 노래한 시 전체를 포함해서 철학적인 사상에 이르기까지 그 범위가 대단히 광범위하다.

  *한국의 향가나 가사, 고려가요, 시조 등도 서정시의 영역에 속한다.

2) 서사시(epic poetry)

*서사시는 민족, 국가의 신화나 역사, 영웅들의 이야기 등 사건을 운문으로 읊은 것으로, 그 내용이 객관적이고 긴 것이 특징이다.
*서사시를 의미하는 서사시(epic)는 그리스어 에포스(epos)에서 나왔는데, '이야기'를 뜻하는 것으로 일반적으로 이야기를 객관적으로 서술해간다는 의미를 지닌다.
*호머(Homer)의 『일리아드』나 『오디세이』처럼 초기에는 민족적 영웅의 행위를 중심으로 역사적 사건을 서술한 웅장한 구성의 산문시를 뜻하였지만, 후대에 이르면서 신화적인 사건만을 다루지 않더라도 객관적인 사건을 서술한 것을 서사시라고 부르게 되었다.
*검머어(Francis Gummere)는 '서사시는 외부 세계에 속하고, 그 기능은 이야기에 있다. 그것은 아킬레스의 노여움이나 오딧세이의 표류, 베어울프의 공포를 노래한다. 그것은 다만 일어난 사건을 이야기할 뿐이다.'라고 한 것을 보면, 결국 서사시는 과거의 이야기를 운문으로 서술하는 운문시라고 할 수 있다.
*중세의 서사시로는 『니벨룽겐의 노래』, 『롤랑의 노래』, 밀턴의 『실락원』, 단테의 『신곡』, 베길리우스의 『아에네이스』 등이 있으며, 그 외에 테니슨의 『왕의 牧歌』, 푸시킨의 『오네긴』, 롱펠로우의 『에반젤린』 등이 있다.
*한국의 서사시로는 이승휴의 『제왕운기』, 이규보의 『동명왕편』과 조선 초기의 『용비어천가』를 서사시로 보려는 견해와 김동환의 「국경의 밤」, 김용호의 「남해찬가」, 모윤숙의 「논개」,

신동엽의「금강」, 김해성의「영산강」등을 꼽는다.

  3) 극시(dramatic poetry)

  *극시란 사건의 전개를 대화 형식으로 쓴 시로 운문으로 된 희곡이라 할 수 있다.
  *극시는 드라마의 내용을 시의 형식으로 표현한 시라고 할 수 있다.
  *극시는 고대 그리스극부터 중세, 르네상스까지 이어졌는데 근대극 이후 산문극에 그 자리를 물려주었다.
  *극시의 종류로는 비극·희극·희비극이 있다.
  *극시로는 소포클레스의『오이디푸스왕』, 세익스피어의『햄릿 Hamlet』, 괴테의『파우스트Faust』, 엘리어트의『칵테일 파티』등이 유명하다.

  3. 기타의 분류

  1) 소재의 차이에 따라

    *종교시, 애국시, 사상시, 연애시, 전쟁시, 자연시, 전원시, 풍경시 등

2) 작자에 따라

*여성시, 아동시, 농민시 등

3) 문학 사조에 따라

*고전시, 낭만시, 상징시, 초현실시, 민중시, 노동시 등

4) 목적이나 성격에 따라

*풍자시, 교훈시, 우화시, 반전시, 격언시, 축혼가, 진혼가 등

제6-2강

한국의 시-1

1. 시와 시가

　*상고시가는 역사상 가장 이른 시기에 나타난 작품들을 묶어서 부르는 명칭으로 시라는 용어 대신 향가, 가사, 시조, 창가 등으로 불러 한국시가의 원천을 파악하고자 하는 의도가 있다.
　*이들을 가리켜 '시가' 또는 '시'라고 하는 것은 향유 방식의 차이에 의한 것이다.
　*시가는 시(詩)와 가(歌)가 합해진 형태로 시는 노랫말이고 가(歌)는 노래로 시가(詩歌)는 노랫말과 노래가 합해진 형태로 이해할 수밖에 없다.
　*상고시가는 순수한 장르적 개념도 순수한 역사적 개념도 아닌 양자의 복합성을 드러내고 있다. 장르로서의 통일성보다는 한국시가의 형성과정을 규명하는데 필요한 변화의 양상을 추적하는 일로, 특정 국면에 주목하는 장르적 관심보다는 한국시가

의 전체적 국면을 중시하는 것에 역사적 관심을 두고 있다.

2. 상고시가

1) 한역가(漢譯歌)

*상고시가는 시가의 발생과 형성 과정에 대한 관심에 비하여, 빈약한 자료로 인하여 단편적인 기록을 통해서 그 편린이나마 엿볼 수 있다.
*작품이 전하는 자료는 「공무도하가(公無渡河歌)」, 「황조가(黃鳥歌)」, 「구지가(龜旨歌)」 등에 지나지 않는다.
*신라 유리왕 대의 「도솔가(兜率歌)」, 「회소곡(會蘇曲)」 등이 중심 자료로 주목이 되고, 향가문학과 관련이 있는 「사뇌악(詞腦樂)」, 「물계자가(勿稽子歌)」, 「치술령곡(致述嶺曲)」 등이 보조 자료로 있다.
*이 노래들은 한자로 번역되어 전하여 한역가라고 한다.

> 公無渡河　　저 임아, 그물을 건너지 마오.
> 公竟渡河　　임은 그에 그물을 건너셨네.
> 墮河而死　　물에 쓸려 돌아가시니.
> 當奈公何　　가신 임을 어이할꼬?

*「공무도하가」는 물에 빠져 죽은 남편을 애도하는 노래로 악곡명을 따서 「공후인(箜篌引)」이라는 별칭이 있는 내용이다.

翩翩黃鳥	펄펄 나는 저 꾀꼬리는
雌雄相依	암수 서로 정다운데
念我之獨	외로운 이 내 몸은
誰其與歸	뉘와 함께 돌아갈꼬.

*「황조가」는 두 아내 중 달아난 한 사람을 뒤쫓다가 자신의 신세를 꾀꼬리에 견주어서 임과 이별한 슬픔을 노래한 것으로 개인적인 정서를 드러낸 것이다.

龜何龜何	거북아, 거북아
首其現也	머리를 내어라
若不現也	내어놓지 않으면
燔灼而喫也	구워서 먹으리.

*「구지가」는 임금의 강림을 기원하는 주술적이고 집단적인 신맞이 노래라고 하여 「영신군가(迎神君歌)」라고도 부른다.

2) 향가(鄕歌)

*향가는 한자의 음(音)과 훈(訓)을 빌어 향찰표기에 의해 기록되어 전해진 것으로 신라 때에 창작되어 고려 초기까지 존속했던 장르이다.

*향가라는 명칭은 사뇌가(詞腦歌)·도솔가(兜率歌)·사내(思內)·시뇌(詩腦)라고도 부른다.

*향가는 내용면에서 매우 포괄적인 시가로, 신라인들의 폭넓

은 감성과 깊이를 지니고 있다.
  *향가는 우리 고유 시가의 형식과 내용에 직·간접적인 영향을 끼쳤다.
  *향가는 『삼국유사』에 14수, 『균여전』에 11수 등 모두 25수가 전한다.
  *향가의 형식에는 4구체와 8구체, 10구체가 있다.

  *4구체 향가에는 「서동요(薯童謠)」, 「풍요(風謠)」, 「헌화가(獻花歌)」, 「도솔가(兜率歌)」 등 4편이 전한다.

    善化公主主隱   선화 공주님은
    他密只嫁良置古   남몰래 정을 통해 두고
    薯童房乙   맛둥(서동) 도련님을
    夜矣卯乙抱遣去如   밤에 몰래 안고 간다.

  *「서동요」는 선화 공주의 은밀한 사랑을 다룬 것으로, 백제의 서동이 지었다는 최초의 4구체 향가이며, 동요 형식인 이 노래는 향찰로 표기 되었다.

    紫布岩乎邊希   자색 바위 가에
    執音乎手母牛放敎遣 잡고 있는 암소 놓게 하시고
    吾肹不喩慚肹伊賜等   나를 아니 부끄러워하시면
    花肹折叱可獻乎理音如 꽃을 꺾어 바치오리다.

  *「헌화가」는 4구체로 된 향가로 소를 몰고 가던 한 노인이

아름다운 여인에게 꽃을 꺾어 바친다는 노래로 민요 형식을 취하고 있다.

*4구체의 특징은 단순하고 소박한 민요적 시형으로 고대가요의 기본 형태를 취하고 있으며, 구전해 오던 민요나 창작가요가 대부분이고, 절제되고 간결한 어법을 통해 고대의 사회상을 드러내고 있다.

*8구체 향가로는 「모죽지랑가(慕竹旨郎歌)」, 「처용가(處容歌)」 두 편이 전한다.

*8구체는 4구체를 중첩시킨 시형으로 4구체와는 달리 복잡해진 사회 현상에 의한 자연스러운 표현 욕구에 의한 것으로, 집단적 노래에서 개인적 노래로의 전이를 의미한다.

東京明期月良	서울 밝은 달 아래
夜入伊遊行如可	밤 늦도록 노닐다가
入良沙寢矣見昆	들어와 자리 보니
脚烏伊四是良羅	가랑이가 넷이어라
二肹隱吾下於叱古	둘은 내 것인데
二肹隱誰支下焉古	둘은 뉘 것인고
本矣吾下是如馬於隱	본디 내 것이었다마는
奪叱良乙何如爲理古	빼앗아 간 것을 어찌하리오.

*「처용가」는 처용이라는 사람이 아내에게 침범한 역신(疫神)

을 향해 불러서 그 역신을 물러나게 하였다는 벽사진경(辟邪進慶)의 주술적 노래로, 8구체 향가이고 현재 전하는 신라 향가의 마지막 작품이다.

生死路隱	삶과 죽음의 길은
此矣有阿米次肹伊遣	여기에 있음에 머뭇거리고,
吾隱去內如辭叱都	나는 간다는 말도
毛如云遣去內尼叱古	못다 이르고 갔는가?
於內秋察早隱風未	어느 가을 이른 바람에
此矣彼矣浮良落尸葉如	여기저기 떨어지는 잎처럼
一等隱枝良出古	같은 나뭇가지에 나고서도
去奴隱處毛冬乎丁	가는 곳을 모르는구나.
阿也彌陀刹良逢乎吾	아아, 극락세계에서 만날 나는
道修良待是古如	도를 닦으며 기다리겠노라.

*「제망매가」는 월명사가 죽은 누이를 추모하며 재(齋)를 올리며 지은 노래로 참신한 비유를 적절히 구사하여 죽음으로 인한 삶의 무상함과 그 극복의지를 보여주는 작품이다.

*10구체 향가에는 「혜성가(彗星歌)」, 「원왕생가(願王生歌)」, 「원가(怨歌)」, 「제망매가(祭亡妹歌)」, 「안민가(安民歌)」, 「찬기파랑가(讚耆婆郞歌)」, 「도천수대비가(禱千手大悲歌)」, 「우적가(遇賊歌)」 등 8편과 「보현십원가(普賢十願歌)」 11수 등 모두 19편의 작품이 전한다.

*10구체의 특징은 전 4구, 후 4구와 끝의 2구로, 특히 결사의 첫 부분이 감탄사로 시작되는데 이는 8구까지에서 전개되어 온 시상을 비약시켜 전체를 마무리 짓는 기능을 한다.

제7-1강

한국의 시-2

1. 고려가요

*고려 때 지어지고 불렸던 노래를 통틀어 고려가요라고 하는데, 민요적 성격과 음악적 측면을 중시하여 속요(俗謠)라고도 하며, 여음이라는 후렴구가 발달되어 있는 것이 특징이다.

*여음 및 후렴구는 단순한 악곡적 배려에 그치지 않고 속요의 율격미를 조성하는 동시에 시적 구조를 완결시키는 중요한 역할을 하고 있다.

*평민들의 생활 감정과 남녀 간의 진솔한 사랑을 내용으로 하고 있어, 조선시대 유학자들에 의해 '남녀상열지사(男女相悅之詞)'라는 지탄을 받기도 하였다.

*고려가요는 조선시대에 편찬된 『악장가사(樂章歌詞)』, 『악학궤범(樂學軌範)』, 『시용향악보(時用鄕樂譜)』 등에 기록되어 궁중음악으로 향유되었다.

*고려가요의 특징은 작품명에 '별곡'이라는 명칭이 붙어 있으며, 작자미상과 민요적인 요소가 많다.
　*속요에서 추구되고 있는 시정신은 조선시대 일부의 시조나 사설시조에 이어져 근대시 생성에 중요한 요인으로 작용하고 있다.

　　가시리 가시리잇고 나는
　　브리고 가시리잇고 나는
　　　위 증즐가 大平盛代(대평셩디)

　　날러는 엇디 살라 ᄒᆞ고
　　브리고 가시리잇고 나는
　　　위 증즐가 大平盛代(대평셩디)

　　잡ᄉᆞ와 두어리마ᄂᆞᄂᆞᆫ
　　선ᄒᆞ하면 아니 올셰라.
　　　위 증즐가 大平盛代(대평셩디)

　　셜온 님 보내ᄋᆞᆸ노니 나는
　　가시는 듯 도셔 오쇼셔 나는
　　　위 증즐가 大平盛代(대평셩디)

　*「가시리」는 사랑하는 사람을 떠나보내는 애절한 마음이 간결한 형식과 진솔한 언어로 표현된 소박한 서정시로 고려 속요 중 민요적 율격과 전통적인 이별의 정한을 나타내고 있는 작품이다.

호미도 놀히언마ᄅᆞᄂᆞᆫ
낟ᄀᆞ티 들 리도 업스니이다.
아바님도 어이어신마ᄅᆞᄂᆞᆫ
위 덩더둥셩
어마님ᄀᆞ티 괴시리 업세라.
아소 님하
어마님ᄀᆞ티 괴시리 업세라.

*「사모곡」은 진솔하고 소박한 표현을 통하여 어머니의 사랑을 당시의 농경사회에서 친숙한 농기구에 빗대어 노래하고 있다.

*오늘날 가사가 전해지는 속요는 「동동」, 「처용가」, 「정과정」, 「정석가」, 「청산별곡」, 「서경별곡」, 「사모곡」, 「가시리」, 「쌍화점」, 「이상곡」, 「만전춘별사」, 「유구곡」, 「상저가」 등이 있다.

문학개론강좌

제7-2강

한국의 시-3

1. 경기체가

*경기체가는 고려 후기 신흥 지식인들에 의해 형성되어 16세기까지 지속되었던 정형시를 일컫는 시가의 한 양식이다.
*경기체가는 몇 개의 연(聯)이 중첩되어 한 작품을 이루는 연장(聯章)의 형식을 취한다.
*경기체가는 고려 속요가 평민 문학인데 비하여 신흥 지식인 특유의 사유방식을 드러낸 귀족문학이다.
*시적 대상을 나열하고, 각 절의 마지막에 경기체가 특유의 '위 경(景)긔 엇더ᄒ니잇고'라는 말이 되풀이 된다.
*주요 작품으로 「한림별곡」, 「관동별곡」, 「죽계별곡」이 있다.

　　제1장
　　元淳文(원슌문) 仁老詩(인노시) 公老四六(공노ᄉ륙)

李正言(니정언) 陳翰林(딘한림) 雙韻走筆(솽운주필)
沖基對策(튱긔딕척) 光鈞經義(광균경의) 良鏡詩賦(량경시부)
위 試場(시댱)ㅅ景(경) 긔 엇더ㅎ니잇고.
葉(엽) 琴學士(금흑ㅅ)의 玉笋門生(옥슌문싱) 琴學士(금흑ㅅ)의 玉笋門生(옥슌문싱)
위 날조차 몃 부니잇고.

제2장
唐唐唐(당당당) 唐楸子(당츄ㅈ) 皂莢(조협) 남긔
紅(홍)실로 紅(홍)글위 미요이다.
혀고시라 밀오시라 鄭少年(뎡쇼년)하
위 내 가논듸 놈 갈셰라.
葉(엽) 削玉纖纖(샥옥셤셤) 雙手(솽슈)ㅅ길헤 削玉纖纖(샥옥셤셤) 雙手(솽슈)ㅅ길헤
위 攜手同遊(휴슈동유)ㅅ景(경)긔 엇더ㅎ니잇고.

*「한림별곡」은 경기체가의 효시로 한림제유가 지은 총 8장의 노래로 상류층의 향락적 풍류 생활과 신진 시류인 귀족들의 학문적 자부심이 드러난다.

한국의 시-4

*악장(樂章)이란 조선 초기에 궁중에서 나라의 공식적인 행사에 쓰이는 노래 가사를 말한다.

*조선의 창업과 문물제도를 송축하거나 왕의 업적을 기리는 노래로 『용비어천가』와 불교적인 내용의 『월인천강지곡』, 조선 왕업을 송축한 정도전의 『신도가』와 작자 미상의 『유림가』, 『감군은』 등이 있다.

*『용비어천가(龍飛御天歌)』는 조선 초기 세종 때 지어진 악장으로 조선 역대 선조들의 행적을 찬양하고, 후대 왕업의 수호를 권계하고 있는 조선 건국의 송축가이며, 영웅 서사시로 훈민정음으로 된 최초의 작품이다.

2. 시조(時調)

*시조는 우리 고유의 정형시로, 고려 중엽에 발생하여 주로 조선시대 사대부들에 의하여 향유되었다.
*시조라는 명칭은 시절에 맞는 노래라는 의미로 '시절가조', '시절가', '시절단가', '시조'라고 부르기도 한다.
*시조의 형식은 일반적으로 3장 6구 45자 내외를 기본으로 하며, 음수율은 3·4조 또는 4·4조가 기본이며, 각 장은 4음보의 율격을 지닌다.
*종장의 첫 음보는 3음절로 고정되어 있고, 둘째 음보는 5음절 이상으로 되어 있다.
*각 마디는 글자 수에 엄격한 제한을 두지 않으며, 전체적으로 볼 때 독특한 미학적, 형식적 특성을 갖추고 있다.
*하나의 제목 아래 여러 수의 평시조가 모인 것을 연시조(聯詩調)라고 한다.

*연시조의 대표적인 작품으로는 주세붕의 「오륜가」, 맹사성의 「강호사시가」, 이황의 「도산십이곡」, 이이의 「고산구곡가」, 윤선도의 「오우가」 등이 있다.

내 버디 몃치나 ᄒ니 수석(水石)과 송죽(松竹)이라.
동산(東山)의 ᄃᆞᆯ 오르니 긔 더옥 반갑고야.
두어라, 이 다숫 밧긔 쏘 더ᄒᆞ야 머엇ᄒᆞ리.

구룸 비치 조타 ᄒ나 검기를 ᄌᆞ로 ᄒᆞ다.
ᄇᆞ람 소리 몱다 ᄒ나 그칠 적이 하노매라.
조코도 그칠 뉘 업기는 믈ᄲᅮᆫ인가 ᄒ노라.

고즌 므스 일로 픠며셔 쉬이 디고,
플은 어이ᄒᆞ야 프르ᄂᆞᆫ 듯 누르ᄂᆞ니,
아마도 변티 아니ᄉᆞᆫ 바회ᄲᅮᆫ인가 ᄒ노라.

더우면 곳 픠고 치우면 닙 디거ᄂᆞᆯ,
솔아, 너는 얻디 눈서리를 모ᄅᆞᄂᆞᆫ다.
구천(九泉)에 불휘 고ᄃᆞᆫ 줄을 글로 ᄒᆞ야 아노라.

나모도 아닌 거시, 플도 아닌 거시,
곳기ᄂᆞᆫ 뉘 시기며, 속은 어이 뷔연ᄂᆞᆫ다.
뎌러코 사시(四時)예 프르니 그를 됴하ᄒᆞ노라.

쟈근 거시 노피 써서 만믈(萬物)을 다 비취니,

밤듕의 광명(光明)이 너만ᄒᆞ니 쏘 잇ᄂᆞ냐.
보고도 말 아니ᄒᆞ니 내 벗인가 ᄒᆞ노라.

*「오우가」는 윤선도가 경상도 영덕의 유배지에서 돌아와 전라도 해남 금쇄동에 은거할 무렵에 지은 총6수의 연시조다. 이 시조는 물의 영원성, 바위의 불변성, 소나무의 절개, 대나무의 곧음, 달의 광명과 과묵함 등을 이미지화하였다. 자연물들의 특질을 들어 자신의 자연애(自然愛)와 관조를 감각적으로 표현하여 그 인상을 생생하게 전달하고 있다. 특히 이 작품은 우리말의 아름다움을 잘 살려서 시조를 한 차원 높은 경지로 끌어올린 뛰어난 작품으로 평가된다.

*사설시조는 시조의 기본 형식을 깨뜨려, 초장·중장·종장의 어느 한 장 이상이 제한 없이 자유롭게 길어지는 것이 특징이지만, 대체로 중장의 사설이 길어지는 일탈이 가장 흔하다. 사설시조의 등장은 산문정신과 서민의식을 배경으로 하여, 인간의 솔직한 마음의 자유분방한 표현 욕구에서 나온 파격적인 형태로 볼 수 있다.

3. 평시조의 내용의 주류

*유교적 충의 사상에 바탕을 둔 내용들로 고려 왕조의 유신들이 지은 것들이 주류를 이룬다.

제7-2강

　　백설(白雪)이 ᄌᆞ자진 골에 구루미 머흐레라.
　　반가온 매화(梅花)는 어닉 곳에 픠엿는고.
　　석양(夕陽)에 홀로 셔 이셔 갈 곳 몰라 하노라.

＊이 시조를 지은 이색은 정몽주, 길재와 함께 고려 말의 삼은(三隱)으로 유명하다. 작가는 고뇌하는 지식인으로서 고려 말의 어지러운 정치 상황과 우국충정(憂國衷情)을 나타내고 있다. 특히 기울어 가는 고려 왕조를 바라보며 그에 대한 안타까움과 회한을 절실하게 드러내고 있다.

　　오백년(五百年) 도읍지(都邑地)를 필마(匹馬)로 도라드니,
　　산천(山川)은 의구(衣舊)ᄒᆞ되 인걸(人傑)은 간 듸 업다.
　　어즈버, 태평연월(太平烟月)이 ᄭᅮᆷ이런가 ᄒᆞ노라.

＊이 시조는 길재의 작품으로 오백 년간의 고려가 망하고 난 후에 옛 도읍지를 돌아보며 읊은 것이다. 조선이 세워진 직후에 패망한 고려를 그리워하며 왕조에 대한 회고와 인생의 무상함을 나타내고 있다.

　　흥망(興亡)이 유수(有數)하니 만월대(滿月臺)도 추초(秋草)로다.
　　오백년(五百年) 왕업(王業)이 목적(牧笛)에 부쳐시니,
　　석양(夕陽)에 지나는 객(客)이 눈물계워 ᄒᆞ드라.

＊이 시조는 원천석의 작품으로 예전의 화려했던 왕조의 궁터인 만월대에 가을 풀이 가득한 것을 보고 고려 왕조에 대한 회

고와, 고려의 멸망에 대한 슬픔을 읊고 있다.

*고려 말에 이르러 우리 시가 문학의 특징적인 형태인 시조가 압축된 형식으로 개인적인 정서를 표출하는 작품들도 있다.

춘산(春山)에 눈 녹인 바룸 건듯 불고 간 듸 업다.
져근덧 비러다가 마리 우희 불니고져.
귀밋틱 히묵은 서리를 녹여 볼가 ᄒ노라.

흔손에 막디 잡고 쏘 흔 손에 가싀 쥐고,
늙는 길 가싀로 막고 오는 백발(白髮) 막디로 치려터니,
백발(白髮)이 제 몬져 알고 즈럼길노 오더라.

*위 두 시조는 우탁의 작품으로 세월의 흐름에 거스를 수 없는 인간의 한계를 절실히 보여주면서도 늙음에 대한 탄식과 체념을 묘미 있게 노래하는 달관의 자세를 보여준다. 또한 늙음을 막기 위해서 한 손에 막대와 가시를 쥐고 오는 백발을 막아보겠다는 발상은 흥미를 유발한다.

이화(梨花)에 월백(月白)ᄒ고 은한(銀漢)이 삼경(三更)인 제
일지춘심(一枝春心)을 자규(子規) l 야 아랴마는,
다정(多情)도 병(病)인 냥ᄒ여 좀 못 드러 ᄒ노라.

*이 시조는 고려 후기 이조년의 작품으로 봄밤의 애상적 정서를 '이화', '월백', '은한'으로 정감 있게 나타내어, '다정가(多情

歌)'라고도 불린다. 고려 시조 중 가장 뛰어난 표현 기법과 정서적인 문학성이 뛰어난 작품으로 평가된다.

*조선의 건국과 더불어 새로운 왕조에 대한 찬양과 포부를 드러내는 작품들이 있다.

삭풍(朔風)은 나모 긋희 불고 명월(明月)은 눈 속에 춘디,
만리변성(萬里邊城)에 일장검(一長劍) 집고 셔셔,
긴 프롬 큰 훈 소릐예 거틸 거시 업셰라.

*이 시조는 김종서의 작품으로 '호기가(豪氣歌)'로 부르며 시련 속에서도 굽힐 줄 모르는 대장부의 호방한 기개가 엿보인다. 조선 초 함경북도 부근의 육진(六鎭)을 개척한 작자의 무인다운 장부의 호탕한 기상이 드러난다.

*강호(江湖)에서 안빈낙도(安貧樂道)의 삶을 노래하며 임금의 은혜에 감사하는 작품들도 있다.

강호(江湖)에 봄이 드니 미친 흥(興)이 절로 난다.
탁료계변(濁醪溪邊)에 금린어(錦鱗魚) ㅣ 안주로다.
이 몸이 한가(閑暇)히옴도 역군은(亦君恩)이샷다.

강호(江湖)에 녀름이 드니 초당(草堂)에 일이 업다.
유신(有信)한 강파(江波)는 보내느니 브람이다.
이 몸이 서늘히옴도 역군은(亦君恩)이샷다.

강호(江湖)에 ᄀ올이 드니 고기마다 술져 잇다.
소정(小艇)에 그물 시러 흘리 띄여 더뎌 두고,
이 몸이 소일(消日)ᄒ옴도 역군은(亦君恩)이샷다.

강호(江湖)에 겨월이 드니 눈 기픠 자히 남다.
삿갓 빗기 쓰고 누역으로 오슬 삼아,
이 몸이 칩지 아니히옴도 역군은(亦君恩)이샷다.

*이 시조는 맹사성의 「강호사시가(江湖四時歌)」로 이황의 「도산십이곡」과 이이의 「고산구곡가」에 영향을 준 우리나라 최초의 연시조다. 특히 이 작품은 맹사성이 만년에 벼슬을 내놓고 고향에 내려가 한가로운 생활을 하면서 지은 것이다. 각 연의 초장에서는 '강호에'로 시작하면서 계절의 변화와 특징을, 그리고 중장에서는 계절과 어울리는 삶을 말한다. 종장에서는 한결같이 '역군은(亦君恩)이샷다'로 맺으면서 임금의 은혜에 감사를 드러낸다. 이와 같이 강호가도(江湖歌道)를 읊으면서도 충의(忠義)를 떠올리는 것은 조선 초기의 안정기를 표현하면서 백성들의 태평성대를 바라는 사대부들의 염원을 나타낸 것으로 볼 수 있다.

*시조가 본격적으로 기록되기 시작한 것은 18세기 이후 김천택의 『청구영언(靑丘永言)』, 김수장의 『해동가요(海東歌謠)』, 안민영의 『가곡원류(歌曲源流)』 등의 가집((歌集)이 만들어지면서였고, 작품의 수는 3,500여 수에 이른다.
*현재 전하는 시조의 노랫말이 다양하게 나타나는 것은 시조가 문자보다는 노래로 지어져 전해진 구전문학의 성격을 띠고 있음을 짐작할 수 있다.

제7-2강

한국의 시-5

1. 가사

*가사는 조선시대에 창작되었다가 소멸하였기 때문에 조선시대를 대표하는 우리 고유의 시가 장르 가운데 하나다.
*가사는 3~4자로 된 마디가 2개씩 짝을 이루어 내용에 따라 그 길이가 길어질 수 있는 형식을 가진 장르로, 시조를 '단가(短歌)'라 하고 가사를 '장가(張哥)'라 부른다.
*가사의 특징은 운문의 형식에 산문적 내용을 담고 있다.
*가사에는 은일가사, 유배가사, 기행가사 등이 있다.

*가사는 고려 말 나옹화상(懶翁和尙)이 지은 「서왕가(西往歌)」에서 비롯되었다. 조선 성종 때 사대부 가사의 효시이자 강호한정 가사의 출발점이 되는 작품으로 정극인의 「상춘곡(賞春曲)」이 있다.

   홍진(紅塵)에 뭇친 분네 이 내 생애(生涯) 엇더ᄒᆞᆫ고. 녯 사ᄅᆞᆷ 풍류(風流)를 미출가 몃 미출가. 천지간(天地間) 남자(男子) 몸이 날만ᄒᆞᆫ 이 하건마ᄂᆞᆫ, 산림(山林)에 뭇쳐 이셔 지락(至樂)을 ᄆᆞ를 것가. 수간모옥((數間茅屋)을 벽계수(碧溪水) 앏픠 두고, 송죽(松竹) 울울리(鬱鬱裏)예 풍월주인(風月主人) 되어셔라.
   엊그제 겨을 지나 새봄이 도라오니, 도화 행화(桃花杏花)는 석양리(夕陽裏)예 피여 잇고, 녹양방초(綠楊芳

109

草)는 세우 중(細雨中)에 프르도다. 칼로 몰아낸가, 붓으로 그려 낸가, 조화신공(造化神功)이 물물(物物)마다 헌수룹다. 수풀에 우는 새는 춘기(春氣)를 믓내 계워 소르마다 교태(嬌態)로다. 물아일체(物我一體)어니 흥(興)이이 다룰소냐. 시비(柴扉)에 거러 보고, 정자(亭子)애 안자 보니, 소요음영(逍遙吟詠)호야, 산일(山日)이 적적(寂寂)혼되, 한중진미(閒中眞味)를 알 니 업시 호재로다.

정극인 「상춘곡(賞春曲)」 중에서

＊「상춘곡(賞春曲)」은 조선 시대 양반 가사의 대표적인 작품이다. 자연을 벗 삼아 안빈낙도(安貧樂道)의 삶을 즐기겠다는 작가는 봄을 완상(玩賞)하고 인생을 즐기려는 낙천적인 생활 철학과 물아일체(物我一體)의 자연관이 드러나 있다.
이 작품은 사실적인 표현과 더불어 의인, 대구, 설의 등의 다양한 표현 기법들이 나타나고 있으며, 옛 사람들의 고사를 인용하여 부드러운 이미지를 보여 준다.

＊가사의 내용
·강호가도의 전통－정극인 「상춘곡」, 송순 「면앙정가」, 정철 「성산별곡」.
·충신연주지사－정철 「사미인곡」, 「속미인곡」.
·안빈낙도의 삶－박인로 「누항사」, 이이 「낙빈가」.
·기행가사－김인겸 「일동장유가」, 홍순학 「연행가」, 유인목

「북행가」.
· 종교가사 ─ 나옹화상 「서왕가」, 사명대사 「회심곡」, 최제우 「용담유사」.
· 기타 ─ 농사일과 세시 풍속을 노래한 정학유의 「농가월령가」, 최초의 규방 가사인 허난설헌의 「규원가」 등.

*장형화와 희화화된 표현으로 바뀌면서 작자 미상인 가사들 「우부가」, 「용부가」, 「노인가」, 「농부가」, 「노처녀가」 등.

2. 개화가사

*개화기는 조선 왕조가 외세의 강압에 의해 문호를 개방한 1860년부터 1910년 한일합방까지를 말한다.
*서양문물의 전래와 국제 정치의 갈등으로 커다란 변화가 일어나면서 시(詩)도 변화를 가져오게 된다.

*'개화(開化)의 노래들은 수구(守舊)와 우매(愚昧)에 대한 저항과 계몽의 노래로 시작되었고, 문명개화(文明開化)를 구가(謳歌)할 여지도 없이 침략자와 침략에 부역하여 매국(賣國)하는 집권자들에 대한 저항과 규탄의 피맺힌 노래를 불러야만 했다. 적극적인 저항의 보람도 없이 대세(大勢)가 기울어지자, 다음엔 교육과 단결로써 후일을 기약하는 소극적인 노래로 바뀌어 갔다.'
(정한모, 『한국현대시문학사』, 일지사, 1974, p.131)

*일본을 통한 새로운 양식의 형태로 신체시(新體詩)와 창가(唱歌)가 등장하고, 신문과 잡지의 발간으로 개화가사가 창작되었다.

*신체시는 개화가사와 창가의 정형율격을 벗어난 자유로운 형태이다. 즉 창가의 운문성과 근대시의 산문성을 동시에 갖춘 갈래로 개화기 가사와 창가의 정형적인 율조를 깨뜨리고 정형시에서 근대 자유시로 넘어가는 과도기적 형태이다.

*최남선에 의한 최초의 신체시 「해(海)에게서 소년(少年)에게」라는 작품이 『소년』지에 발표되었고, 개화라는 목적으로 자유로운 율격을 시도하였으나 발전하지 못하였다.

텨······ㄹ썩, 텨······ㄹ썩, 쏴······아. / 따린다, 부슨다, 문허 바린다. / 태산(泰山) 갓흔 놉흔 뫼, 딥태 갓흔 바위ㅅ돌이나 / 요것이 무어야, 요게 무어야. / 나의 큰 힘 아나냐, 모르나냐, 호통까디 하면서 / 따린다, 부슨다, 문허 바린다.
텨······ㄹ썩, 텨······ㄹ썩, 텩, 튜르릉, 콱.

텨······ㄹ썩, 텨······ㄹ썩, 쏴······아. / 내게는, 아모 것, 두려움 업서, / 육상(陸上)에서 아모런 힘과 권(權)을 부리던 자(者)라도, / 내 압헤 와서는 꼼짝 못하고, / 아모리 큰 물건도 내게는 행세하디 못하네. / 내게는, 내게는, 나의 압헤는.
텨······ㄹ썩, 텨······ㄹ썩, 텩, 튜르릉, 콱.

텨······ㄹ썩, 텨······ㄹ썩, 쏴······아. / 나에게 덜하디, 아니한 자(者)가 / 지금(只今) 까디 잇거던 통긔하고 나서 보아라. / 진시황(秦始皇),나팔륜, 너의들이냐, / 누구 누구 누구냐. 너의 역시(亦是) 내게는 굽히도다. / 나허구 거르 리 잇건 오나라.
텨……ㄹ썩, 텨……ㄹ썩, 텩, 튜르릉, 콱.

텨……ㄹ썩, 텨……ㄹ썩, 쏴……아. / 됴고만 산(山)모를 의지(依支)하거나, / 됴ㅅ쌀 갓흔 덕은 섬, 손ㅅ벽만한 쌍을 가디고, 고 속에 잇서서 영악한 톄를, 부리면서, 나혼댜 거룩하다 하난 자(者), / 이리돔 오나라, 나를 보아라.
텨……ㄹ썩, 텨……ㄹ썩, 텩, 튜르릉, 콱.

텨……ㄹ썩, 텨……ㄹ썩, 쏴……아. / 나의 싹이 될 이는 한아 잇도다. / 크고 길고 널으게 뒤덥흔 바 뎌 푸른 하날. / 뎌것은 우리와 틀님이 업서, / 덕은 시비(是非), 덕은 쌈, 온갖 모든 더러운 것 업도다. / 됴 싸위 세상(世上)에 됴 사람더럼.
텨……ㄹ썩, 텨……ㄹ썩, 텩, 튜르릉, 콱.

텨……ㄹ썩, 텨……ㄹ썩, 쏴……아. / 뎌 세상(世上) 뎌 사람 모다 미우나, / 그 중(中)에서 쏙 한아 사랑하난 일이 잇스니, 담(膽)이 크고 순정(純情)한 소년배(少年輩)들이, / 재롱(才弄)텨럼 귀(貴)엽게 나의 품에 와서 안김이로다. / 오나라, 소년배(少年輩), 입맛텨 듀마.
텨……ㄹ썩, 텨……ㄹ썩, 텩, 튜르릉, 콱.

　　　　　　　최남선 「해(海)에게서 소년(少年)에게」

*이 시는 대체로 서구 자유시의 영향을 받아 창작된 최

초의 신체시로 평가받고 있다. 이 시는 바다와 소년을 내세워 당시 우리 민족이 나아가야 할 방향을 제시하고 있다. 바다는 모든 것을 부수고 무너뜨릴 수 있으며, 육상의 힘과 권세를 절대로 두려워하지 않음을 강조한다. 그리하여 진시황이나 나폴레옹 같은 절대 권력자도 굴복시킬 수 있는 힘을 지닌다는 것이다. 결국 조그마한 땅에서 우물 안 개구리들처럼 살고 있는 사람들을 비웃는다. 다만 순정한 소년들에 대한 사랑과 기대만이 우리 민족이 나아갈 길이라는 것을 밝히고 있다. 한편으로는 제국주의 열강인 일제에 국권이 계속 침탈되는 상황에서 단지 서구화를 받아들이는 것이 최선이라고 한 최남선의 현실 인식이 드러나는 시이기도 하다.

*최남선은 7·5조를 바탕으로 창가라는 형식을 도입하여 「경부철도가」,「한양가」 등을 지어 국민 개화에 효과적인 역할을 시도하였다.

*개화사상을 강조한 『독립신문』에서는 주로 지식인이 쓴 것으로 자주독립과 개화사상 고취를 강조하였고, 『대한매일신보』에서는 민중의 입장에서 쓴 것으로 무비판적인 신문화 수용을 반대하였다.

제8-1강

한국의 시-6

1. 1920년대 시

*김억은 『태서문예신보』(1918)를 통해 서양의 '상징주의'를 소개하고 「봄은 간다」라는 시를 발표하여 우리나라 시단의 성격과 분위기 형성에 커다란 영향을 주었다.

밤이도다.
봄이다.

밤만도 애달픈데
봄만도 생각인데

날은 빠르다.
봄은 간다.

깊은 생각은 아득이는데
저 바람에 새가 슬피 운다.

검은 내 떠돈다.
종소리 빗긴다.

말도 없는 밤의 설움
소리 없는 봄의 가슴
꽃잎은 떨어진다.
님은 탄식한다.

김억 「봄은 간다」

　*이 시는 정형시와 자유시 사이의 과도기적인 작품으로, 암담한 시대 상황을 봄밤의 애상으로 표현하고 있다. 이 시에서 화자는 '밤', '검은 내', '빗기는 종소리'라는 시어를 통해서 당시의 현실을 암담하게 느끼고 있다. 당시의 시대 상황은 일제의 부정적인 요소들과 맞물리면서 '밤'에 느끼는 화자의 절망감과 비애감은 생명의 소생을 알리는 봄의 상징과는 달리 '봄이 간다.'는 존재의 운명을 깨닫고 상실감에 젖는다. 이와 같은 화자의 상실감은 '떨어지는 꽃'에서 결국 탄식을 하게 된다. 결국 이 시는 침묵의 시대를 '봄밤'에 비유함으로써 '깊은 생각'을 표현하지 못하는 괴로움을 나타내고 있다.

　*김억의 「겨울의 황혼」(1919.1), 황석우의 「봄」(1919.2), 주요

한의「불놀이」(1919.2) 등의 최초의 근대시들이 발표되었다.

  *이 시기는 '동인지 문단'의 시대로 서구의 다양한 문예사조의 도입과 함께 『창조』(1919), 『폐허』(1920), 『백조』(1920), 『장미촌』(1921) 등의 동인지와 『개벽』(1920), 『영대』(1924) 등의 잡지,「조선일보」,「동아일보」등의 신문 창간으로 문학 작품 발표 공간이 확대되었다.

  *3·1운동의 실패는 일종의 허무의식과 좌절감을 안겨주었고 이로 인해 패배의식과 허무주의 경향을 띠는 낭만적 감상주의가 주류를 이루었다. 작품으로는 이상화의 「나의 침실로」, 홍사용의 「나는 왕이로소이다」, 박종화의 「사의 예찬」, 박영희의 「월광으로 짠 병실」 등이 있다.

> 나는 왕이로소이다. 나는 왕이로소이다. 어머님의 가장 어여쁜 아들, 나는 왕이로소이다. 가장 가난한 농군의 아들로서……그러나 시왕전(十王殿)에서도 쫓기어난 눈물의 왕이로소이다.
> "맨 처음으로 내가 너에게 준 것이 무엇이냐?" 이렇게 어머니께서 물으시면은
> "맨 처음으로 어머니께 받은 것은 사랑이었지요마는 그것은 눈물이더이다." 하겠나이다. 다른 것도 많지요마는……
> "맨 처음으로 네가 나에게 한 말이 무엇이냐?" 이렇게 어머니께서 물으시면은 "맨 처음으로 어머니께 드린 말씀은 '젖 주셔요.' 하는 그 소리였지마는 그것은 '으아!' 하는 울음이었나이다." 하겠나이다. 다른 말씀도 많지요마는……
>
>   홍사용「나는 왕이로소이다」 중에서

*이 시는 1920년대 낭만주의 문학의 감상적 성향을 단적으로 보여 주는 작품이다. 이 시는 화자인 '나'가 과거의 이야기를 들려주는 형식이다. 서두에서는 시왕전에서 쫓겨난 가난한 농군의 아들로 외로움 속에서 희망의 '파랑새'를 찾아 나서지만 그 소망도 이루어지지 않는다. 결국 좌절감으로 다른 사람 앞에서 드러내놓고 울지도 못하게 되면서 남모르게 소리 없이 우는 '눈물의 왕'이 된 것이다. 민족의 수난과 설움을 대화체 형식을 빌려 삶의 고통과 비애를 읊고 있다.

*1920년대 중반에는 계급주의 문학이 문단을 풍미하여, 이에 반발하여 최남선, 양주동, 이병기 등이 시조부흥 운동을 일으켰다.
*1925년에는 KAPF의 결성으로 계급주의 문학(프로 문학)이 성행하였는데, 일제에 대한 반제국주의 투쟁과 결합되면서 지식인의 호응을 얻기도 하였다.
대표적인 작품으로 임화의 「우리 오빠와 화로」, 「네 거리의 순이」 등이 있다.

사랑하는 우리 오빠 어저께 그만 그렇게 위하시던 오빠의 거북 무늬 질화로가 깨어졌어요. / 언제나 오빠가 우리들의 '피오닐' 조그만 기수라 부르던 영남(永男)이가 / 지구에 해가 비친 하루의 모—든 시간을 담배의 독기 속에다 / 어린 몸을 잠그고 사온 그 거북 무늬 화로가 깨어졌어요.

그리하여 지금은 화젓가락만이 불쌍한 우리 영남이하구 저하고 처럼 / 똑 우리 사랑하는 오빠를 잃은 남매와 같이 외롭게 벽에 가 나란히 걸렸어요.

오빠……. / 저는요 저는요 잘 알았어요. / 왜—그 날 오빠가 우리 두 동생을 떠나 그리로 들어가신 그 날 밤에 연거푸 말은 궐련(卷煙)을 세 개씩이나 피우시고 계셨는지 / 저는요 잘 알었어요 오빠.

임화 「우리 오빠와 화로」 중에서

*이 시를 쓴 임화는 1920년대 후반부터 1930년대에 이르는 동안 계급주의 문학의 선구자로서 KAPF의 실권자로 활동하였다. 해방 후에는 좌익 문학계의 거두로 활동하다가 월북하였다. 그는 일제 강점기의 계급주의 문학으로 지나친 목적의식에 치우쳐 예술성을 도외시하여 문학을 정치적인 수단으로 삼으려했다는 비판을 받기도 하지만, 문학에서의 대중 개념의 도입, 창작지도 원리의 확보, 비평의 과학성 등에서는 우리 문학의 발전에 공헌했다는 긍정적인 평가를 받기도 한다. 이 작품은 시적 화자인 누이동생이 노동운동을 하다가 감옥에 갇힌 오빠에게 편지를 보내는 형식으로 되어 있다. 이 시는 노동 운동과 계급투쟁이라는 무거운 주제를 오빠에 대한 그리움과 삶에의 강한 의지로 표출하고 있다.

*한편으로는 민족의 전통적 정서를 계승하려는 김소월과 전통적인 불교사상을 바탕으로 시대의 초극 의지를 노래한 한용운은 우리 문학의 계승과 창조라는 면에서 큰 성과를

거두었다. 작품으로는 김소월의 「진달래꽃」, 「초혼」, 「산유화」, 「접동새」, 「금잔디」 등과 한용운의 「님의 침묵」, 「알수 없어요」, 「복종」 등으로 한국시의 새로운 모습을 보여주었다.

    접동
    접동
    아우래비 접동
    진두강 가람가에 살던 누나는
    진두강 앞 마을에
    와서 웁니다.

    옛날, 우리나라
    먼 뒤쪽의
    진두강 가람가에 살던 누나는
    의붓어미 시샘에 죽었습니다.

    누라고 불러 보랴
    오오 불설워
    시새움에 몸이 죽은 우리 누나는
    죽어서 접동새가 되었습니다.

    아홉이나 남아되던 오랩동생을
    죽어서도 못 잊어 차마 못 잊어
    야삼경(夜三更) 남 다 자는 밤이 깊으면

제8-1강

이 산 저 산 옮아가며 슬피 웁니다.

김소월 「접동새」

　*이 시는 김소월의 전형적인 한(恨)의 정조(情調)를 주제로 하고 있는 작품으로 설화적 전통에 기대어 현실적 삶에서의 비극성을 드러내고 있다. 서정주의 '귀촉도(歸蜀道)'는 촉나라 망제(望帝)가 죽어 그 혼이 화하였다는 전설을 바탕으로 하여 죽은 임을 그리워하는 비통함을 표현하고 있는데, 접동새와 귀촉도는 같은 새에 붙여진 다른 이름이다. 또한 이 시는 서북 지방에 전해 오는 설화를 바탕으로 구슬픈 접동새의 울음소리를 통해서 혈육에 대한 누나의 애절한 그리움과 한을 나타내고 있다.

2. 1930년대 시

　*1930년대 문학은 일제가 프로 문학에 대한 탄압으로 해체되어 객관적 정세가 악화와 더불어 만주사변 일으킨 해부터 태평양 전쟁을 도발한 1941년까지의 기간을 말한다. 이로 인하여 1930년대 문학은 전반적으로 순수 문학을 지향하면서 다양한 형태로 발전하였다.
　*프로 문학의 목적 의식적 문학에 반발한 '시문학파'의 순수시 운동이 김영랑, 박용철 등을 중심으로 일어났으며, 이들은 세련된 언어 감각과 음악성 등에 관심을 두고 시의 예술적 기교에 전력을 기울였다.

*주요 작품으로는 김영랑의 「모란이 피기까지는」, 「내 마음을 아실이」, 박용철의 「떠나가는 배」 등이 있다.

    모란이 피기까지는
    나는 아직 나의 봄을 기다리고 있을 테요.
    모란이 뚝뚝 떨어져 버린 날,
    나는 비로소 봄을 여읜 설움에 잠길 테요.
    오월 어느 날, 그 하루 무덥던 날,
    떨어져 누운 꽃잎마저 시들어 버리고는
    천지에 모란은 자취도 없어지고,
    뻗쳐 오르던 내 보람 서운케 무너졌느니,
    모란이 지고 말면 그뿐, 내 한 해는 다 가고 말아,
    삼백예순 날 하냥 섭섭해 우옵내다.
    모란이 피기까지는,
    나는 아직 기다리고 있을 테요, 찬란한 슬픔의 봄을.
                      김영랑 「모란이 피기까지는」

*이 시는 김영랑의 대표작이자 1930년대 '시문학파'를 대표하는 작품으로, 전통적인 애상의 정서를 아름다운 시어를 선택하여 여성적이고 섬세하게 표현하고 있다. 과거 프로 문학의 목적의식적 문학에 반발하여 문학 자체의 순수성을 강조하면서, 시에서의 음악성을 중시하고 세련된 언어 감각을 내세웠다. 일제 강점 하에 당대의 민족적 현실을 외면했다는 비판도 받았지만 시적 정서와 표현 기교를 잘 가다듬어 우리 서정시가의 본격적

인 면모를 갖추는데 기여했다는 긍정적인 평가를 받기도 한다.

*30년대 한국시의 흐름은 『시문학파』와 달리 도시적 감각과 시의 회화성을 중시하는 모더니즘 운동이 활발하게 일어났다.
*주요 작품으로는 김기림의 「바다와 나비」, 정지용의 「백록담」, 김광균의 「와사등」, 이상의 「오감도」 등이 있다.

차단-한 등불이 하나 비인 하늘에 걸리어 있다.
내 호올로 어딜 가라는 슬픈 신호냐.

긴-여름 해 황망히 나래를 접고
늘어선 고층(高層), 창백한 묘석(墓石)같이 황혼에 젖어
찬란한 야경(夜景) 무성한 잡초인 양 헝클어진 채
사념(思念) 벙어리 되어 입을 다물다.

피부의 바깥에 스미는 어둠
낯설은 거리의 아우성 소리
까닭도 없이 눈물겹고나.

공허한 군중의 행렬에 섞이어
내 어디서 그리 무거운 비애를 지고 왔기에
길-게 늘인 그림자 이다지 어두워

내 어디로 어떻게 가라는 슬픈 신호기

차단-한 등불이 하나 비인 하늘에 걸리어 있다.
　　　　　　　　　　　　김광균「와사등瓦斯燈」

＊이 시는 김광균의 작품으로 현대 물질문명에 의해 자아를 상실한 소시민의 정서를 문명 비판적 시각으로 나타낸, 새로운 장을 연 작품으로 평가되기도 한다. 1930년대 중반에 한국 문단에 등장한 모더니즘 경향의 시인들을 주지파라고 하는데, 이들은 낭만적이며 주정적인 시풍을 거부하고 지적인 시를 쓰려고 하였다. 또한 음악성을 중시하는 시문학파의 시작 태도를 거부하면서 도시 감각과 현대 문명을 시각적 심상으로 그려내고 있다. 김광균은 주지시의 경향을 강하게 보여주었고, 특히 이 시에서는 회화적 서정시의 면모를 나타내고 있다.

＊1930년대 후반에는 『시인부락』을 중심으로 서정주, 유치환 등이 활동하였는데 서정주는 인간의 원죄 의식을 육감적이고 원색적으로 형상화하였고, 유치환은 강인한 생명의 의지를 노래하였다.
＊주요 작품으로는 서정주의「화사」, 유치환의「깃발」등이 있다.

　　나의 지식이 독한 회의(懷疑)를 구하지 못하고,
　　내 또한 삶의 애증(愛憎)을 다 짐지지 못하여
　　병든 나무처럼 생명이 부대낄 때,
　　저 머나먼 아라비아의 사막으로 나는 가자.

제8-1강

거기는 한 번 뜬 백일(白日)이 불사신같이 작열하고
일체가 모래 속에 사멸한 영겁(永劫)이 허적(虛寂)에
오직 알라의 신(神)만이
밤마다 고민하고 방황하는 열사(熱沙)의 끝.

그 열렬한 고독 가운데
옷자락을 나부끼고 호올로 서면
운명처럼 반드시 '나'와 대면(對面)케 될지니.
하여 '나'란 나의 생명이란
그 원시의 본연한 자태를 다시 배우지 못하거든
차라리 나는 어느 사구(砂丘)에 회한 없는 백골을 쪼이리라.
유치환「생명의 서」

*이 시는 세속적인 삶의 가치에 회의를 느끼고 본연의 생명을 추구하기 위한 공간인 사막으로 가겠다는 화자의 비장한 결의를 나타내고 있다. 시인은 극도의 고통과 고독을 통해서 자아와 생명의 본질을 발견할 수 있다는 사실을 관념적인 시어로 표현하고 있으며, 이러한 생명 탐구는 죽음을 통해서 생명을 찾아내는 생명파의 특성을 보여주고 있다.

*식민지 현실의 참혹함에 대한 인식을 드러낸 시도 있었다. 일제의 탄압과 수탈이 강화될수록 민족과 민중의 열망이 강화되는 사실을 노래하고 있는 시도 있다. 그러나 이들을 6·25전쟁 이후 월북했다는 이유로 오랫동안 한국문학사에서 금기시되었던 적도 있었다.

*주요 작품으로는 임화의 「제비」, 이용악의 「낡은 집」, 백석의 「여승」 등이 있다.

여승(女僧)은 합장(合掌)하고 절을 했다.
가지취의 내음새가 났다.
쓸쓸한 낯이 옛날같이 늙었다.
나는 불경(佛經)처럼 서러워졌다.

평안도(平安道)의 어느 산(山) 깊은 금덤판
나는 파리한 여인(女人)에게서 옥수수를 샀다.
여인(女人)은 나어린 딸아이를 따리며 가을밤같이 차게 울었다.

섶벌같이 나아간 지아비 기다려 십 년(十年)이 갔다.
지아비는 돌아오지 않고
어린 딸은 도라지꽃이 좋아 돌무덤으로 갔다.

산꿩도 섧게 울은 슬픈 날이 있었다.
산(山)절의 마당귀에 여인의 머리오리가 눈물방울과 같이 떨어진 날이 있었다.
백석 「여승女僧」

*이 시는 남편과 딸을 잃고 여승이 된 한 여인의 한 많은 인생을 절제된 시어와 직유의 표현 기법으로 일제 강점기의 민족 현실을 전형적으로 드러내고 있다. 백석 시의 특징은 전래적인 민속과 향토색이 짙은 서정의 세계를 잘 드러내고 있다는 점이

다. 또한 시에서 방언을 사용하여 일제의 폭력적 억압으로 인해 우리 민족이 이질화되어 가는 시점에서 우리 고유의 향수가 담긴 토속적 고유어를 발견하여 민족의 공동체 의식을 한층 심화시켰다는 점은 높이 평가된다.

*반도시적인 경향과 자연 친화적인 시를 노래한 시인들로는 신석정, 김동명, 김상용 등이 있다.
*주요 작품으로는 신석정의「들길에 서서」, 김동명의「파초」, 김상용의「남으로 창을 내겠소」등이 있다.

남(南)으로 창(窓을) 내겠소.
밭이 한참갈이

괭이로 파고
호미론 김을 매지요.

구름이 꼬인다 갈 리 있소.
새 노래는 공으로 들으랴오.

강냉이가 익걸랑
함께 와 자셔도 좋소.

왜 사냐건
웃지요.

김상용「남으로 창을 내겠소」

*이 시는 우리나라 전원시의 대표적인 작품이다. 전원에서의 삶을 염원하는 작품으로 토속적이고 향토적인 분위기 속에서 자연과 일체가 되는 달관의 경지를 나타내고 있다.

제8-2강

한국의 시-7

1. 1940년대의 시

  *일제 강점기 말인 1940년대 민족 문학이 암흑기라 할 수 있다. 일제의 식민지 지배가 가혹해지면서 문인들은 변절을 하거나 절필을 하게 된다. 그럼에도 불구하고 저항 시인으로 불리는 이육사는 일제의 가혹한 시대적 상황과 민족적 현실을 시로 고발한다. 또한 윤동주는 일본 유학 중 구국항일 운동을 위한 사상범의 혐의로 구금되어 옥사하게 된다.
  *주요 작품으로는 이육사의 「광야」, 「절정」, 윤동주의 「서시」, 「참회록」 등이 있다.

　　매운 계절(季節)의 채찍에 갈겨
　　마침내 북방(北方)으로 휩쓸려오다.

하늘도 그만 지쳐 끝난 고원(高原)
서릿발 칼날진 그 위에 서다.

어데다 무릎을 꿇어야 하나
한 발 재겨 디딜 곳조차 없다.

이러매 눈 감아 생각해 볼밖에
겨울은 강철로 된 무지갠가 보다.

이육사 「절정絶頂」

　*이 시는 일제 강점기 극한 상황에 처한 화자의 절망과 그 극복 의지를 압축적으로 형상화하고 있다. 이 시의 시대적 배경은 1940년대 우리 민족에 대한 일제의 탄압이 가장 가혹했던 시기로, 시인은 절박한 위기의식을 간결하고 예리한 심상으로 형상화하고 있으며, 이를 초극하려는 강렬한 의지를 상징적으로 나타내고 있다.

죽는 날까지 하늘을 우러러
한 점 부끄럼이 없기를,
잎새에 이는 바람에도
나는 괴로워했다.
별을 노래하는 마음으로
모든 죽어 가는 것을 사랑해야지.
그리고 나한테 주어진 길을
걸어가야겠다.

제8-2강

오늘 밤에도 별이 바람에 스치운다.

윤동주 「서시序詩」

*이 시는 윤동주의 유고 시집인 『하늘과 바람과 별과 시』의 첫머리에 수록된 작품으로 그의 시세계인 순결성과 인간애를 나타내고 있다. 일제 강점기의 암담한 현실 속에서 식민지 지식인으로서의 절망감을 자신의 운명으로 감싸 안고자 했던 정신적 순결성과 휴머니즘이 배어있는 작품이다.

*청록파는 1939년 『문장』지를 통해 등단한 박목월, 박두진, 조지훈을 일컫는 말로 자연 속에서 아름다움을 추구하는 작품을 써서 암흑기에 민족의 문학을 이었다는 점에서 의의가 있으나, 민족적 현실을 외면했다는 비판도 받았다.
*주요 작품으로는 박목월의 「나그네」, 박두진의 「해」, 조지훈의 「봉황수」 등이 있다.

강나루 건너서
밀밭 길을

구름에 달 가듯이
가는 나그네.

길은 외줄기
남도 삼백 리,
술 익는 마을마다

131

타는 저녁 놀.

구름에 달 가듯이
가는 나그네.

박목월 「나그네」

*이 시는 조지훈의 '완화삼(玩花衫)'에 화답한 시로 청록파 시인답게 자연에 대한 관심이 드러나 있다. 한편으로는 식민지 현실 속에서 주권을 상실한 민중들의 비참한 삶의 모습을 절실하게 그려내지 못한 비판을 받기도 한다. 그러나 짧은 시행과 몇 개 안 되는 어휘로 마치 한 폭의 동양화를 연상케 하는 이 시는 자연과 인간의 조화를 잘 그려 내고 있어 시인의 언어 경제가 이룩한 최고의 경지라는 평가를 받기도 한다.

2. 해방공간의 시

*이 시기는 민족 문학의 방향성과 정체성을 찾기 위한 모색의 과정이었다. 따라서 민족 문학의 방향성을 찾기 위한 토론과 논쟁이 있었고, 광복과 더불어 시집의 출간이 활발하게 이루어졌으며, 주로 해방의 기쁨을 노래하는 것들이 주류를 이루었다.
*주요 작품으로는 박종화의 시집 『청자부』, 정인보의 시조집 『담원 시조집』, 김상옥의 시조집 『초적』, 유치환의 「울릉도」, 박두진의 「청산도」, 신석정의 「꽃덤불」 등이 있다.

태양을 의논하는 거룩한 이야기는
항상 태양을 등진 곳에서만 비롯하였다.

달빛이 흡사 비 오듯 쏟아지는 밤에도
우리는 헐어진 성(城)터를 헤매이면서
언제 참으로 그 언제 우리 하늘에

오롯한 태양을 모시겠느냐고
가슴을 쥐어뜯으며 이야기하며 이야기하며
가슴을 쥐어뜯지 않았느냐?

그러는 동안에 영영 잃어 버린 벗도 있다.
그러는 동안에 멀리 떠나 버린 벗도 있다.
그러는 동안에 몸을 팔아 버린 벗도 있다.
그러는 동안에 맘을 팔아 버린 벗도 있다.

그러는 동안에 드디어 서른여섯 해가 지나갔다.

다시 우러러보는 이 하늘에
겨울밤 달이 아직도 차거니
오는 봄엔 분수(噴水)처럼 쏟아지는 태양을 안고
그 어느 언덕 꽃덤불에 아늑히 안겨 보리라.

　　　　　　　　　　　　신석정「꽃덤불」

*이 시는 일제 강점기의 오랜 고통과 광복 후의 혼란을 나타

내고 있다. 이 시는 어둠과 밝음의 갈등을 통해 이제는 어둠을 지양하고 해방을 통한 밝음을 추구하고자 하는 염원을 강조하고 있다. 결국 일제 강점하의 광복의 소망과 혼란한 해방공간에서의 소망이 진정한 광복의 날로 밝은 미래가 이루어지길 희망하고 있다.

산아, 우뚝 솟은 푸른 산아. 철철철 흐르듯 짙푸른 산아. 숱한 나무들, 무성히 우거진 산마루에 금빛 기름진 햇살은 내려오고, 둥둥 산을 넘어, 흰구름 건넌 자리 씻기는 하늘, 사슴도 안 오고, 바람도 안 불고, 너멋 골 골짜기서 울어 오는 뻐꾸기……

산아, 푸른 산아. 네 가슴 향기로운 풀밭에 엎드리면, 나는 가슴이 울어라. 흐르는 골짜기 스며드는 물소리에 내사 줄줄줄 가슴이 울어라. 아득히 가버린 것 잊어버린 하늘과 아른아른 오지 않는 보고 싶은 하늘에 어쩌면 만나도질 볼이 고운 사람이 난 혼자 그리워라. 가슴으로 그리워라.
박두진 「청산도」 중에서

해야 솟아라, 해야 솟아라, 말갛게 씻은 고운 해야 솟아라. 산 넘어 산 넘어서 어둠을 살라 먹고 산 넘어서 밤새도록 어둠을 살라 먹고, 이글이글 애띤 얼굴 고운 해야 솟아라.

달밤이 싫여, 달밤이 싫여, 눈물 같은 골짜기에 달밤이 싫여, 아무도 없는 뜰에 달밤이 나는 싫여……

해야, 고운 해야, 늬가 오면 늬가사 오면, 나는 나는 청산이 좋아라. 훨훨훨 깃을 치는 청산이 좋아라. 청산이 있으면 홀로래도 좋아라.

사슴을 따라, 사슴을 따라, 양지로 양지로 사슴을 따라, 사슴을 만나면 사슴과 놀고, 칡범을 따라 칡범을 만나면 칡범과 놀고…….

해야, 고운 해야, 해야 솟아라, 꿈이 아니래도 너를 만나면, 꽃도 새도 짐승도 한자리에 앉아, 워어이 워어이 모두 불러 한자리 앉아, 애띠고 고운 날을 누려 보리라.

박두진 「해」 중에서

*「청산도(靑山島)」는 해방 직후에 쓴 작품으로 혼란과 갈등으로 점철된 당시의 상황을 그리고 있다. 그러나 화자는 자신을 구원해줄 맑고 고운 세계에 대한 열망을 기다리며 새로운 희망을 저버리지 않는다.

*「해」는 1946년에 발표되었으나 해방 이전에 쓴 것으로 추정되는 작품이다. 그렇게 본다면 '어둠'이란 일제 치하의 억압을 뜻한다고 볼 수 있다. 또한 '해'는 광복의 기쁨을 기다리며 광명한 조국의 미래를 상징하는 것으로 볼 수 있

다. 시인은 '사슴'과 '칡범'이 서로 어울리며 살 수 있는 아름다운 세계를 갈망한다.

*일제 강점기에 발표되지 못했던 작품들이 해방 직후 쏟아져 나와 시집으로 발간되었다.

*주요 작품으로는 윤동주의 유고 시집, 이육사의 유고 시집, 이상화의 유고 시집, 청록파의 공동 시집 등이 있다.

3. 1950년대 시

*한국 전쟁은 민족 분단의 고착화를 초래하여 남한과 북한의 시로 갈라지게 되었다. 전쟁 체험을 토대로 전쟁의 참상 고발과 분단의 비극성과 자유의 소중함과 승전 의식을 고취하는 시 등이 나왔다.

*주요 작품으로는 모윤숙의 「국군은 죽어서 말한다」, 유치환의 「보병과 더불어」, 조지훈의 「다부원에서」, 구상의 「적군 묘지 앞에서」, 김종문의 「벽」 등이 있다.

  오호, 여기 줄지어 누워 있는 넋들은
  눈도 감지 못하였겠구나.

  어제까지 너희의 목숨을 겨눠
  방아쇠를 당기던 우리의 그 손으로
  썩어 문드러진 살덩이와 뼈를 추려

그래도 양지바른 두메를 골라
고이 파묻어 떼마저 입혔거니
죽음은 이렇듯 미움보다도, 사랑보다도
더 너그러운 것이로다.

이곳서 나와 너희의 넋들이
돌아가야 할 고향 땅은 삼십 리(里)면
가로막히고,
무주공산(無主空山)의 적막만이
천만 근 나의 가슴을 억누르는데,

살아서는 너희가 나와
미움으로 맺혔건만,
이제는 오히려 너희의
풀지 못한 원한이
나의 바램 속에 깃들여 있도다.

손에 닿을 듯한 봄 하늘에
구름은 무심히도
북(北)으로 흘러 가고,

어디서 울려 오는 포성(砲聲) 몇 발,
나는 그만 이 은원(恩怨)의 무덤 앞에
목놓아 버린다.

　　　　　　　구상 「적군 묘지 앞에서」

*이 시는 전쟁 때 종군 체험으로 쓴 연작시 '초토(焦土)의 시' 8번째의 시로 적군의 묘지 앞에 서 있는 화자가 묘지에 묻힌 병사의 죽음을 동포애의 차원에서 애도하는 내용이며, 분단 현실에 대한 통한의 정서가 깃들어 있다.
 이 시에서는 비극의 현실을 고발하면서도 원한보다는 민족의 고난을 자신의 것으로 동일시하며 이념의 대립과 증오를 넘어선 화해와 진정한 통일의 염원을 바라고 있다.

*전후의 현대적 도시 감각과 지적인 태도를 중시하는 모더니즘 경향이 새롭게 등장하여, 전후의 현실과 사회 부조리에 대한 투철한 인식과 문명 비판적인 태도를 취한다.
*주요 작품으로는 박인환의 「목마와 숙녀」, 김수영의 「눈」, 김경린의 「지평을 그으며」 등이 있다.

*현실에 대한 지적 인식을 바탕으로 주지주의적 경향을 띠는 시인들이 등장하였다. 주요 시인으로는 김광림, 전봉건, 김종삼 등이 있다.

*기존의 시인들인 서정주, 박목월, 박두진 등과 박남수, 박재삼, 고은 등의 신인이 등장하여 전통적인 서정시의 맥을 형성하였다.

4. 1960년대 시

*이 시기는 4·19혁명과 5·16 군사 정치 체제의 시기이다.

*현실 참여적인 경향의 시들이 등장하였는데, 문학의 사회적 역할에 관심이 집중되었다. 현실의 문제점을 날카롭게 비판하고 고발하여 현실 변혁을 시도하는 시들이 나오게 되었다.
*주요 작품으로는 김수영의 「풀」, 신동엽의 「껍데기는 가라」 등이 있다.

풀이 눕는다.
비를 몰아오는 동풍에 비껴
풀은 눕고
드디어 울었다.
날이 흐려서 더 울다가
다시 누웠다.

풀이 눕는다.
바람보다도 더 빨리 눕는다.
바람보다도 더 빨리 울고
바람보다 먼저 일어난다.

날이 흐리고 풀이 눕는다.
발목까지
발밑까지 눕는다.
바람보다 늦게 누워도
바람보다 먼저 일어나고
바람보다 늦게 울어도
바람보다 먼저 웃는다.

문학개론강좌

날이 흐리고 풀뿌리가 눕는다.

김수영 「풀」

*이 시는 사소한 자연 현상 속의 풀과 바람을 통해 거대한 힘과 싸우는 민중의 건강하고 끈질긴 생명력을 그려내고 있다. 여기서 '풀'은 상처받기 쉽지만 끈질긴 생명력을 지닌 '민중'을 상징적으로 표현하고 있다. '바람'은 힘없는 민중을 억누르고 괴롭히는 막강한 힘을 가진 존재로 상정해 볼 수 있다. 결국 '풀'과 '바람'의 싸움은 민중들의 끈질긴 생명력과 그것을 억압하려는 세력과의 싸움으로 연약하지만 어떤 불의한 외부의 억압도 이겨내는 '풀'의 강인한 생명력을 보여주고 있다. 이 시는 70년대의 민중문학으로 나아가는 새로운 기틀을 마련한 작품으로 평가 받고 있다.

껍데기는 가라.
사월(四月)도 알맹이만 남고 / 껍데기는 가라.

껍데기는 가라.
동학년(東學年) 곰나루의, 그 아우성만 살고,

그리하여, 다시 / 껍데기는 가라.
이 곳에선, 두 가슴과 그 곳까지 내논
아사달 아사녀가
중립(中立)의 초례청 앞에 서서
부끄럼 빛내며 / 맞절할지니

껍데기는 가라.
한라에서 백두까지 / 향그러운 흙가슴만 남고
그, 모오든 쇠붙이는 가라.

신동엽「껍데기는 가라」

*이 작품은 1960년대의 군사 독재 체제를 시대적 배경으로 동학 농민 전쟁과 4·19혁명으로 이승만 독재에 저항하여 민주주의와 자주적 통일 국가 건설을 염원하여 민족주의를 지향한다는 내용을 담고 있다. '껍데기'와 '알맹이'를 내세워 외세 및 그와 결탁한 반민족 세력이 사라지고 건강한 민중에 의한 민족정신이 되살아날 때 민족 통일의 꿈이 이루어진다는 것이다. 이데올로기의 대립을 초월하여 철저한 민족주의로 우리 민족이 나아갈 길을 밝힌 선구자적 작품이기도 하다.

*문학의 독자성과 순수성이 사회 현실로부터 독립하여야 한다는 사실에 주목하여 문학의 현실 참여를 반대하고 문학의 순수성과 예술성을 추구하려는 경향이 일어났다. 우리 고유의 순수 서정성을 계승하려는 노력을 서정주, 박목월, 박재삼, 조병화 등이 하였다. 반면에 언어의 형식과 실험을 통하여 예술적 기교를 추구하려는 모더니즘적인 시인들 즉 김춘수, 황동규, 전봉건 등이 등장하였다.

*주요 작품으로는 김춘수의「꽃」, 서정주의「동천」, 박목월의「이별가」, 박재삼의「추억에서」, 조병화의「공존이 이유」등이 있다.

5. 1970년대 시

*1970년대의 시는 정치적 억압으로 인한 민주화와 급격한 산업화로 인한 부작용과 노동 현장의 갈등 문제 등을 다루는 것들이 주류를 이루었다.

1960년대의 사회 참여시적 경향이 신경림, 고은, 이성부, 정희성, 조태일 등으로 이어지면서 당대 사회의 정치와 경제에 나타난 부조리한 현상들을 풍자하고 비판하는 시들이 등장하였다.

*주요 작품으로는 신경림의 「농무」, 김지하의 「오적」, 이성부의 「벼」, 고은의 「화살」, 정희성의 「저문 강에 삽을 씻고」, 조태일의 「국토」 등이 있다.

    벼는 서로 어우러져
    기대고 산다.
    햇살 따가와질수록
    깊이 익어 스스로를 아끼고
    이웃들에게 저를 맡긴다.

    서로가 서로의 몸을 묶어
    더 튼튼해진 백성들을 보아라.
    죄도 없이 죄지어서 더욱 불타는
    마음들을 보아라, 벼가 춤출 때
    벼는 소리 없이 떠나간다.

    벼는 가을 하늘에도

서러운 눈 씻어 맑게 다스릴 줄 알고
바람 한 점에도
제 몸의 노여움을 덮는다.
저의 가슴도 더운 줄을 안다.

벼가 떠나가며 바치는
이 넓디넓은 사랑,
쓰러지고 쓰러지고 다시 일어서서 드리는
이 피묻은 그리움,
이 넉넉한 힘……

이성부「벼」

*이 시는 '벼'의 외면적 속성을 통해 민중의 건강성을 생동감 있게 표현하고 있다. '벼'는 고난을 이기고 겸손한 자세로 힘없는 이웃과 더불어 살며, 인내와 희생을 통해 사랑을 실천하는 민중의 공동체적 모습을 대변한다. 또한 희생을 통해 더 큰 사랑을 베푸는 민중의 끈질긴 생명력과 저력을 떠올리게 한다.

*순수성과 예술성을 지향하는 전통적인 서정성의 흐름이 천상병, 박재삼, 정호승 등으로 나타나며, 김춘수, 전봉건, 황동규 등에 의한 모더니즘적 경향으로 나누어지기도 한다.

*주요 작품으로는 천상병의「귀천」, 박재삼의「흥부 부부상」, 김춘수의「처용 단장」, 정호승의「슬픔이 기쁨에게」, 황동규의「조그만 사랑 노래」, 전봉건의「속의 바다」등이 있다.

나 하늘로 돌아가리라.
새벽빛 와 닿으면 스러지는
이슬 더불어 손에 손을 잡고,

나 하늘로 돌아가리라.
노을빛 함께 단 둘이서
기슭에서 놀다가 구름 손짓하면은,

나 하늘로 돌아가리라.
아름다운 이 세상 소풍 끝내는 날,
가서, 아름다웠다고 말하리라……
　　　　　　　　　　　천상병「귀천歸天」

*이 시는 삶에 대한 달관과 죽음에 대한 능동적이고 낙천적인 태도를 아름답게 형상화하고 있다. 그는 인생을 잠시 놀러 나온 '소풍'이라는 시어로 긍정적으로 나타내고 있으며, 죽음을 초월하는 모습에서 절대 자유의 세계를 노래하고 있다.

흥부 부부가 박덩이를 사이 하고
가르기 전(前)에 건넨 웃음살을 헤아려 보라.
금(金)이 문제리,
황금(黃金) 벼이삭이 문제리,
웃음의 물살이 반짝이며 정갈하던
그것이 확실히 문제다.

없는 떡방아 소리도
있는 듯이 들어 내고
손발 닿은 처지끼리
같이 웃어 비추던 거울면(面)들아.

웃다가 서로 불쌍해
서로 구슬을 나누었으리.
그러다 금시
절로 면(面)에 온 구슬까지를 서로 부끄리며
먼 물살이 가다가 소스라쳐 반짝이듯
서로 소스라쳐
본(本)웃음 물살을 지었다고 헤아려 보라.
그것은 확실히 문제다.

　　　　　　　　　박재삼「흥부 부부상夫婦像」

　*이 시는 고전 소설「흥부전」을 소재로 흥부 부부가 박을 타기 직전의 상황을 배경으로 하고 있다. 이 시는 우리 문학의 전통을 이루는 해학성을 엿볼 수 있다. 흥부 부부의 소박하면서도 순수한 웃음의 의미를 통해서 안분지족(安分知足)할 줄 아는 서민들의 삶을 비유적으로 표현하고 있다. '웃음살'의 함축적인 의미를 이해할 때 '가난 속에서도 웃음을 잃지 않는 흥부 부부의 낙천성'과 가난한 삶 속에서도 작은 행복을 찾을 수 있다.

6. 1980년대의 시

*이 시기는 민주화와 분단 문제가 두드러졌고, 산업화의 급격한 전진과 더불어 노동자 계층의 주체적인 자각과 함께 노동 문학이 가장 두드러진 시기이다. 이 시기에는 주로 70년대부터 현실 비판적인 시를 쓴 고은, 이성복, 황동규, 황지우 김광규 등과 노동자 시인 박노해 등이 있다.

*주요 작품으로는 고은의 「만인보」, 황동규의 「풍장」, 황지우의 「새들도 세상을 뜨는구나」, 이성복의 「그 날」, 박노해의 「노동의 새벽」 등이 있다.

전쟁 같은 밤일을 마치고 난
새벽 쓰린 가슴 위로 / 차거운 소주를 붓는다
아 / 이러다간 오래 못 가지 / 이러다간 끝내 못 가지

설은 세 그릇 짬밥으로 / 기름투성이 체력전을
전력을 다 짜내어 바둥치는 / 이 전쟁 같은 노동일을
오래 못 가지 / 끝내 못 가도 / 어쩔 수 없지

탈출할 수만 있다면, / 진이 빠져, 허깨비 같은
스물아홉의 내 운명을 날아 빠질 수만 있다면
아 그러나 / 어쩔 수 없지 어쩔 수 없지 / 죽음이 아니라면 어쩔 수 없지 / 이 질긴 목숨을, / 가난의 멍에를, / 이 운명을 어쩔 수 없지

제8-2강

늘어쳐진 육신에 / 또다시 다가올 내일의 노동을 위하여 / 새벽 쓰린 가슴 위로 / 차거운 소주를 붓는다
소주보다 독한 깡다구를 오기를 / 분노와 슬픔을 붓는다

어쩔 수 없는 이 절망의 벽을 / 기어코 깨드려 솟구칠 거치른 땀방울, 피눈물 속에 / 새근새근 숨쉬며 자라는 / 우리들의 사랑 / 우리들의 분노 / 우리들의 희망과 단결을 위해 / 새벽 쓰린 가슴 위로 / 차거운 소주잔을 / 돌리며 돌리며 붓는다 / 노동자의 햇새벽이 / 솟아오를 때까지

박노해 「노동의 새벽」

*1980년대 노동문학을 대표하는 이 시는 노동에서 느끼는 위기감과 열악한 환경에서 벗어나고자 하는 욕망과 현실 사이의 갈등을 드러내고 있다. 시적 화자는 노동자인 시인의 분신으로 자신의 노동 체험을 토대로 실제 노동 현장에서 겪은 고통과 슬픔을 실감나게 그려내고 있다. 생존이 위협 받을 정도로 힘든 노동자의 현실에서 인간다운 삶이 보장되는 세계에 대한 희망과 극복 의지를 격한 어조로 나타내고 있다.

제9-1강

소설-1

1. 개념

*소설에 대한 정의를 한 마디로 단정하기는 어렵다. 시대와 사회에 따라 다양한 양상으로 나타나며, 이론가들의 관점에 따라 여러 가지로 바뀌어왔다.

*소설은 현실 세계에서 있음직한 이야기를 작가가 상상에 의하여 꾸며낸 것으로, 자아와 세계의 갈등을 산문 형태로 객관적으로 풀어내는 문학의 한 장르이다.

*'소설이란 독자에게 기쁨과 교훈을 주기 위하여 기교를 부려서 쓴 연애모험담의 픽션이다.'(A. 웨트)

*'소설은 대체로 연애를 우습고 재미있게 쓴 이야기다.'(S. 존슨)

*'소설이란 적당한 길이의 산문으로 된 가공적인 이야기다.'(E. M. 포스트)

*소설은 구체적으로 인간의 본질을 밝히는 문학 장르이고, 비록 허구의 세계지만 동시에 현실적이고 일상적인 세계이기도 하다
*허드슨은 '소설은 인생의 해석이다.'라고 하였다.
(The novel is an interpretation of life)

*해밀튼은 '소설은 증류된 인생이다.'라고 하였다.
(Fiction is a distilled life)

*따라서 소설이란 현실에서 있음직한 일을 작가에 의하여 창조된 허구적인 이야기로 인간을 탐구하는 문학의 한 장르다.

2. 기원

*소설의 기원은 고대 서사문학에서 찾으려는 경우가 있는데, 이는 소설을 narrative의 용어로 지칭한다.

*몰튼은 '서사시는 이미 우리가 보아 온 바와 같이 고대의 운문설화(verse narrative)와 근대소설을 포함한다.'고 말하였다.
*허드슨은 서사시의 종류를 성장의 서사시(epic of growth), 예술의 서사시(epic of art)로 나누었고, 몰튼은 인생의 서사시(e

pic of human)를 추가하여 근대소설의 모태가 고대 서사문학임을 밝히고 있다.

　*소설의 기원을 중세 로망(Roman)에서 찾으려는 주장은 티보데(A. Thibaudet)가 대표적이며, 스페인어, 프랑스어, 이태리어, 프로방스어 등 영웅 이야기나 연애 이야기, 꿈같은 유토피아를 그린 이야기, 모험 이야기로 중세 귀족사회의 취향을 드러낸 것들이 소설의 기원이 되었다는 것이다.

　*동양에서는 소설의 기원을 서사시, 신화, 설화, 민담에 두기도 한다.
　*한국의 판소리계 소설들인 「춘향전」, 「심청전」, 「흥부전」 등이 전기체 문학(傳記體文學)으로 로망에 해당될 것이다.

　*소설의 개념을 근대소설로 좁힌다면, 근대 산업문명사회의 발전에서 찾는다. 근대소설의 특징은 인간성 탐구와 연결할 수 있는 르네상스 이후, 근대사회에 이르러서야 두드러졌기 때문이다.

　*노벨(novel)은 '새롭다'라는 뜻을 지니고 있으며, 이탈리아어 novella와 라틴어 novellus에서 나왔으며, 이는 romance의 양식과 대립하게 되었다.

　*노벨(novel)이 소설이란 개념으로 일반화 되고 긴 분량의 이야기를 뜻하게 된 것은 romance가 본격적으로 쇠퇴하게 된 19

세기 민주적이며 문화적인 시민사회의 형성과 산업혁명과 인쇄술의 발달, 상업의 진흥, 신문·잡지의 발간 등의 사회적 기틀이 마련되면서부터다.

*결국 소설의 근원은 이야기나 설화에 있다는 근거로 보아 고대 서사시까지 거슬러 올라갈 수도 있고, 중세의 로망에서 기원을 찾을 수도 있지만, 본격적인 소설의 기원은 근대사회의 발전과 더불어 근대소설이 시작되었다고 보는 견해가 설득력이 있다.

3. 특징

(1) 허구성(虛構性)

*소설은 실제로 인생에서 소재를 취하지만, 엄밀한 의미에서 작가가 상상에 의해 새롭게 꾸며낸 이야기다. 인간과 자연의 모습을 실제처럼 나타내고 있지만 본질적으로는 실제와는 다른 가공적(架空的)인 사실이다.

*김동리는 소설의 이야기는 '구성적인 이야기(plot), 서술된 이야기(narrative), 인생의 이야기(character), 창조적 이야기(fiction)'라고 말하여 결국 소설은 꾸며진 이야기라는 사실을 강조하고 있다.
*소설의 허구성은 단순히 허구 그 자체로만 보는 것이

아니라 어디까지나 작가의 주관을 통해 만들어진 새로운 창조로 보는데, 그래서 작가를 제2의 창조자(second creator)라고 부르며, 그 꾸며진 이야기는 진실성(reality)이 담겨 있는 '진짜 같은 거짓말'이어야 한다.

*르네 웰렉도 소설 전 단계였던 '이야기'는 역사에서 비롯된 것이고, 소설은 '가공(架空)의 만들어진 역사'라고 말한다.

*허드슨은 '리얼리티가 없는 소설은 소설이 아니다.'라고 하여 소설의 세계를 이루는 리얼리티의 중요성을 강조하고 있다. 또한 소설에서의 리얼리티는 논리성(logic)이고 이 논리성은 작품의 전체적인 통일을 이룰 수 있다.

(2) 산문성(散文性)

*소설은 논리적 구성력과 추리력을 토대로 사건을 전개시킨다는 점에서 산문성을 지닌다. 소설의 산문성은 서술로 이루어지며 서술이란 작가가 이야기를 독자에게 전달하는 형식을 취한다.

*운문은 짧아서 일상적으로 일어나는 사건을 구체적으로 드러낼 수 없으므로 산문을 통해 자유롭게 작가의 감정을 토로하고 정확하고 진실성 있게 표현할 수 있다.

*소설의 산문성은 주로 서술과 대화와 묘사 등으로 표현된다.
(3) 예술성(藝術性)

*소설은 예술의 한 형식이기 때문에 형식미와 예술미를 갖추어야 한다.

　*실제 생활에서 일어나고 있는 그대로의 세계를 그려야 하는 사실성의 확보와 현실을 바탕으로 작가가 상상하여 꾸며 낸 세계라는 허구성에 의한 창조적 표현과 소설 속에서 인간성을 탐구한다는 점에서 작가가 추구하고자 하는 바람직하고 의미 있는 참된 가능성의 존재인 진실성을 나타내야 한다.

제9-2강

소설-2

1. 소설의 요소-1

(1) 구성

1) 플롯(plot)의 개념

*플롯(plot)은 소설의 짜임새 또는 틀을 말한다.
*플롯(plot)의 어원은 일반적으로 아리스토텔레스의 『詩學』에 나와 있는 미토스(mythos)라는 용어를 번역한 것이다.
*플롯이란 말은 좁은 의미로는 스토리의 전개로, 넓은 의미로는 성격 설정과 배경의 변화까지 포함하는 소설의 모든 설계를 뜻한다.
 (옥스포드 사전에 플롯은 'plan of play, poem, novel, etc'라고 설명함)

*'플롯이란 행동의 인과관계에 의한 연결 그 이상도 아니고 그 이하도 아니다.'

(R. A Cassill 『소설작법』, Plot is no more and no less than a causal sequence of action)

*포스터(E. M. Forster)는 『소설의 양상』에서 다음과 같이 스토리와 플롯의 차이를 설명하고 있다.
'스토리는 시간적 순서대로 배열된 사건의 서술이다. 플롯도 사건의 서술이지만 인과관계에 중점을 둔다. '왕이 죽고 왕비가 죽었다.'하는 것은 스토리지만, '왕이 죽자 왕비도 슬퍼서 죽었다.'하는 것은 플롯이다. 시간적 순서는 그대로 가지고 있지만, 인과관계가 이에 그림자를 드리운다. 또 '왕비가 죽었다. 아무도 그 까닭을 몰랐더니, 왕이 죽은 슬픔 때문이라는 것을 알게 되었다.'라고 한다면 이것은 신비를 간직한 플롯이며, 고도의 발전이 가능한 형식이다.…… 왕비의 죽음을 생각할 때, 이것이 스토리에 나오면 '그리고(and)' 하지만 플롯이 나오면 '왜(way)'한다 하며 플롯은 소설의 논리적이고 지적인 면이다.'라고 하였다.

*플롯은 인과관계에 의한 사건의 전개이며, 주제를 표현하는 기법이고, 소설의 예술미를 형성해 주고, 논리적 지적 활동을 리얼리티하게 보여 준다고 할 수 있다.

*플롯은 인간 탐구와 진실 추구에 바탕을 두고 있으며, 과학

적이고 현실적이며 인과관계에서 원인과 결과를 목표로 지향하는 것이 특징이다.

　*플롯은 유기적 구조로 이루어져 일종의 갈등 양상을 띠며, 갈등의 원인과 결과를 규명하는데 힘을 기울이며, 개인과 사회 그리고 세계와의 관계가 깊이 천착되어 있다.

　*플롯은 시간적 인과관계를 바탕으로 사건 전개에 논리성을 주어 사건의 개연성이나 필연성의 법칙에 따라 일어나게 되며, 돌발적인 사건이나 행동은 복선을 사용해 합리화하여 리얼리티를 획득하여 작품의 통일성의 효과를 얻고 주제를 구현하는데 기여하게 된다.

　2) 플롯(plot)의 단계

　*소설은 시간과 함께 진행되는 이야기로 작가의 의도에 따라 달라진다. 플롯의 유형에는 직선적(直線的) 플롯과 단속적(斷續的) 플롯으로 나눌 수 있다.

　*피카레스크식 구성은 소설에서 독립된 각각의 이야기가 동일한 주제로 엮어지거나, 각각 다른 이야기에 동일한 주인공이 등장하는 구성 방식을 일컫는다.

　*액자형 플롯은 소설에서 하나의 이야기 속에 하나 또는 그 이상의 이야기가 포함되어 겉이야기와 속이야기가 있는 구성 방

식을 말한다.

①발단(發端)

*소설이 처음 시작되는 부분으로, 사건의 실마리, 인물, 배경 등이 제시되는 단계이다. 앞으로 전개해 나갈 이야기의 모든 것이 대체적으로 암시되지만, 독자의 호기심이나 흥미를 일으키는 것도 중요하다. 발단 부분은 작품의 전체적인 인상을 좌우하기 때문에 작가들이 가장 고심하지만 독창성이 발휘될 수 있는 부분이기도 하다.

②전개(展開)

*이야기가 전개되어 분규를 일으키는 단계를 말한다. 사건이 본격화되는 부분으로 갈등이 일어나는 자아와 세계의 대결장을 의미한다. 갈등 양상에는 내적 갈등과 외적 갈등이 있는데, 시간의 흐름에 따라 순차적으로 일어나는 평면적 방법과 과거와 현재가 혼합해서 일어나는 입체적 방법이 있다.

③위기(危機)

*소설에서 대립과 갈등이 절정을 향해 상승하는 부분으로 대개 주인공이 위험에 처하게 되는 단계이다. 소설에서 절정을 유발하는 전환의 계기를 이루는 부분이다.

④절정(絶頂)

*소설에서 중심이 되는 사건이 최고조의 긴장 상태에 이르는 부분으로, 갈등과 위기가 폭발하여 사건 해결의 분기점이 되는 단계로, 주제가 강조되기도 하고 성격과 행동이 가장 잘 드러나는 부분이기도하다. 그리하여 절정에 이르면 이야기의 결말이 필연적으로 나오게 된다.

⑤결말(結末)

*갈등이 해소되고 사건의 최종적인 결과가 나타나는 부분이다. 주인공의 운명이 선명해지고 일의 성패가 결정되는 해결의 단계이다. 결말은 작품을 끝맺는 부분으로 고도의 기교가 필요하며, 성격이나 행동, 주제, 시점 등이 논리적으로 진행되어 일관성을 보여주어야 한다. 따라서 독자에게 가장 인상 깊은 미적 감동을 주는 부분이기도 하다.

소설-3

1. 소설의 요소-2

(2) 문체

1) 문체의 개념

*소설에서 문체는 작가의 개성과 특성이 가장 개성적으로 나타난다. 또한 문체는 구성이나 인물, 그리고 주제에도 관여하지만 작가 정신과 장인적인 기법에 크게 좌우된다.

*문체는 작가 마다 매우 다양하여 어느 한 틀에 맞추어 분류한다는 것은 지극히 무의미한 일이다. 즉 문체는 작가의 기질과 정신세계에 관계된 작가의 성격이라 할 수 있다.

*문장은 여러 유형으로 나누어지는데, 간결체(concise style), 만연체(diffused style), 강건체(nervous style), 건조체(dry style), 화려체(flowery style) 등이 있으며, 문체는 곧 그 작가의 인격과 사상이 깃들어 있으며 작품을 작품답게 하는 중요한 형태적 요소이다.

*한 작가의 문체는 그 작가만의 개성을 드러내주며, 독특한 문체를 이룬다는 것은 작가로서의 소망일뿐만 아니라 소설을 소설답게 하는 유일한 길이다.

2) 문체의 구성 요소

*소설의 문장은 대부분 지문과 등장인물의 대화로 이루어진다. 소설에서 지문은 대화를 제외한 모든 문장을 말한다. 문장은 소설을 이루는 중요한 기술적인 요소다.

①서술

*서술자가 독자에게 인물, 사건, 배경, 분위기를 직접 설명하는 문장으로 소설에서 묘사 못지않게 중요한 역할을 한다. 서술은 해설적이고 추상적이며 요약적이어서 묘사와는 반대의 입장을 취하지만 이야기를 이루는 기본문장이다. 그러나 서술만으로는 인물의 형상화나 사건을 구체적으로 제시하는 것은 불가능하여 묘사의 도움을 받아야 한다.

②묘사

*작가가 구체적으로 인물이나 배경 또는 사건을 형상화하여 독자에게 보여주는 간접적 표현 방법이다. 서술자가 객관적인 위치에 있을 때 주로 사용되며, 서술과 묘사는 작품 내에서 적절하게 배분되어야 한다.

새삼스러운 염려가 그의 가슴을 눌렀다. '오늘은 나가지 말아요. 내가 이렇게 아픈데!' 이런 말이 잉잉 그의 귀에 울렸다. 그리고 병자의 움쑥 들어간 눈이 원망하는 듯이 자기를 노리는 듯하였다.
현진건「운수 좋은 날」중에서

*'소설에서 묘사의 기능은 인물과 장소의 환상(illusion)을 깊게 하는 것 즉, 독자의 상상 속에 그들의 실재를 재생시키는 것이므로, 독자는 스스로 진실성(reality)의 면전에 있다고 믿으려고 한다. 또 다른 기능은 등장인물의 정서적인 상태를 비추어 주는 것이다.'
(R. V. Cassill ; Writing Fiction (New York, 1962), p.25

③대화

*대화는 인물들이 주고받는 말로 인물의 성격을 드러내는데 효과적이다. 대화는 인물의 입체감과 현실감을 주며, 서술의 추상적이고 해설적인 지루함을 극복하여 주제 구현에 기여하는 측면도 있다. 작품에서 사건의 전개와 인물의 심리를 표출하는 기능을 한다.

인력거에서 내려선 윤 직원 영감은, 저절로 떠억 벌어지는 두루마기 앞섶을 여미려고 하다가 도로 걷어 젖히고서, 간드러지게 허리띠에 가 매달린 새파란 염낭 끈을 풉니다.
"인력거 쌕(삯)이 몇 푼이당가?"
이 이야기를 쓰고 있는 당자 역시 전라도 태생이기는 하지만, 그 전라도 말이라는 게 좀 경망스럽습니다.

"그저 처분해 줍시요!"

인력거꾼은 담요로 팔짱 낀 허리를 굽신합니다. 좀 점잖다는 손님한테 항투로 쓰는 말이지만, 이 풍신 좋은 어른께는 진심으로 하는 소립니다. 후히 생각해 달란 뜻이지요.

"으응! 그리여 잉? 그럼, 그냥 가소."

윤직원 영감은, 인력거꾼을 짯짯이 바라다보다가 고개를 돌리더니 풀었던 염낭끈을 도로 비끄러맵니다. 인력거꾼은 어쩐 영문인지를 몰라, 뚜렛뚜렛하다가, 혹시 외상인가 하고 뒤통수를 긁적긁적하면서…….

"그럼 내일 오랍쇼니까?"

"내일? 내일 무엇 하러 올랑가?"

채만식 「태평천하」 중에서

*허드슨은 대화라는 것은 스토리와 유기적으로 결합되어야 하고, 말하는 사람의 성격과 일치할 것이며, 말하는 환경에 알맞아야하고, 자연스럽고 참신하며 생생하게 살아 있고 재미있어야 한다고 강조한다.

제10-1강

소설-4

1. 소설의 요소-3

(3) 작중 인물

1) 인물의 개념

*소설에 등장하는 인물을 작중 인물이라고 하며, 작중 인물은 작가에 의해 만들어진 것으로 개성이 있고 보편성을 띤 인물을 말한다.

*근대는 자아의 각성과 인간성 옹호라는 인본주의를 기반으로 하고 있으며, 따라서 근대소설은 독창적이고 생생한 인간성의 탐구와 새로운 인간형의 창조에 관심을 가지고 개성과 전형성을 중요하게 여긴다.

*허드슨은 '성격 묘사의 요점은 소설가가 그 인물로 하여금 우리들의 상상의 세계에 있어서 실재하는 인물이라고 생각할 정도로 진실하게 묘사되어 있는가에 있다.'고 하여 인물의 설정과 성격에 진실성이 있어야 한다는 것을 강조하고 있다.

*캐실은 소설에서의 '허구적 인물은 실제 인물과 같은 의미로 살아 있지 않고 평행적 의미로 살아 있다. 즉 캐릭터는 끝이 없는 사실의 세계가 아니고 작가가 그를 위해 만들어 놓은 환경 속에서 사는 것이다.'라고 하여 소설 속의 작중인물은 현실 사회의 실제인물과 서로 그 세계를 달리하고 있다고 하였다.

2) 인물의 유형

*소설 속에 등장하는 인물의 성격 유형은 분류하는 기준에 따라 여러 가지가 있다. 소설 속의 작중 인물이 사건과 갈등 그리고 주제 구현에 있어서 어떤 방식을 취하느냐에 따라 그 유형이 다르게 나타난다. 그 유형은 평면적 인물과 입체적 인물, 전형적 인물과 개성적 인물, 주동적 인물과 반동적 인물, 향토적 인물과 도회적 인물 등등으로 다양하게 나눌 수 있다.

①평면적 인물과 입체적 인물

*평면적 인물(flat character)은 작품 전체를 통하여 성격이 일정한 인물을 말한다. 환경이나 시간이 바뀌어도 오로지 한 가지 성격만을 유지하게 된다. 평면적 인물은 주로 진부한 성격과 정

적 인물로 독자에게 쉽게 기억되고 신뢰감과 깊은 인상을 심어 주기도 한다. 주로 고전 소설의 주인공으로 등장한다.

  예를 들면 고전 소설 '춘향전'에서 남자 주인공 '이몽룡'은 수많은 사건을 겪으면서도 그의 기본적인 성격에는 변화가 없다. 양반으로서의 행동 양식, 춘향에 대한 태도 등이 매우 일관되게 나타난다.

  *입체적 인물(round character)은 사건이 전개 되면서 성격이 변화, 발전하는 인물을 말한다. 현실 적응에 적극적이면서도 독창적으로 새로운 세계를 주체적으로 수용하는 인물이며, 자신의 능력을 다각도로 발휘하여 창조적인 힘을 구사하는 살아있는 능력자라고 할 수 있다. 주로 현대 소설의 주인공으로 등장한다.

  예를 들면 김동인의 '감자'에서 주인공 '복녀'는 원래 보수적인 선비 집안에서 교육을 받았지만, 가난한 집안의 형편과 주변의 환경에 의해 타락하게 되면서 또 다른 인물의 모습으로 변해가는 것을 말한다.

  *소설의 주제나 작가의 의도에 따라 평면적 인물이 필요할 때도 있고 입체적 인물이 필요할 때도 있으며, 평면적 인물은 인물 자체가 어떤 유기체로서의 생명력을 지니지 못하지만, 입체적 인물은 모든 변화에 주체적인 면모를 보인다. 오늘날에는 입체적 인물의 성격을 지향하는 편이지만, 주체적 수용에 따라 작가는 소설에서 평면적 인물과 입체적 인물을 혼용할 수밖에 없다.

②전형적 인물과 개성적 인물

*인물 설정의 유형 중에 전형적 인물(typical character)과 개성적 인물(particular character)로 나눌 수 있다. 전형적 성격이란 일정한 연령층이나 직업, 성별 등에 따른 특성을 보이는 인물을 말한다. 즉 그 사회와 집단과 계층을 대표할 수 있는 공통적인 성격을 뜻한다. 소설에서는 평범한 인물보다는 개성이 뚜렷하고 독창적인 인물을 설정하는 것이 중요하기 때문에 인물의 전형을 살리고 부각시키는 것이 소설에서의 인물로 생동감을 불어 넣어 주게 된다.

따라서 전형적이면서도 개성적인 인물로 사회나 계층을 대표하는 공통성을 지닌 동시에 독창성을 지닌 인물이어야 한다.

예를 들면 '흥부전'에서 '흥부'는 당시의 가난한 극빈층의 삶을 보여주면서도 착한 사람의 대표적인 인물의 모습을 일관되게 유지하고 있다.

*현대소설의 등장인물의 성격은 전형 속에 개성을 드러내야하는 복잡한 성격의 인물이 다양한 방법으로 형상화되어 간다고 할 수 있다.

(4) 배경

*배경은 소설에서 인물이 구체적인 삶을 살아가는 시간적, 공간적 환경을 말한다. 배경은 인물과 플롯에 리얼리티를 부여하

제10-1강

여 사건을 자연스럽게 전개시키기 위한 장치다.

>자동찻길에 가재도 오르는 데 십 리, 내리는 데 십 리라는 영(嶺)을 구름을 뚫고 넘어, 또 그 밑의 골짜기를 삼십 리 더듬어 나가야 하는 마을이었다.
>강원도 두메의 이 마을을 관(官)에서는 뭐라고 이름 지었는지는 몰라도, 그들은 자기네 곳을 학(鶴)마을 이라고 불렀다.
>
>황순원「학」중에서

*배경은 인물이나 사건에 신빙성을 주어 작품의 리얼리티에 기여하고 작품의 주제를 구체화하는데 도움이 된다. 또한 배경은 인물의 심리나 미래의 사건을 암시하기도 하며, 작품의 전반적인 분위기를 형성하기도 한다.

>새침하게 흐린 품이 눈이 올 듯하더니, 눈은 아니 오고 얼다가 만 비가 추적추적 내리었다. 이 날이야말로 동소문 안에서 인력거꾼 노릇을 하는 김 첨지에게는 오래간만에도 닥친 운수 좋은 날이었다.
>
>현진건「운수 좋은 날」중에서

*배경에는 자연적 배경과 사회적 배경 그리고 심리적 배경과 상황적 배경이 있다. 모든 소설에서 배경은 작가가 각자의 독특한 방법으로 그려내고 있다.

① 자연적 배경

*소설에서는 사건이 진행되는 구체적인 시간과 장소, 인물의 심리와 감정 그리고 분위기를 효과적으로 나타내기 위해 인물의 정서나 사건의 성격과 조화를 이루거나 대조적인 시간과 공간이 선택된다. 특히 자연적 배경은 인물이나 행동의 성격에 적합한 자연환경을 주변에 어울리게 하여야 그 효과를 얻을 수 있다.

> 이지러는 졌으나 보름을 갓 지난 달은 부드러운 빛을 흐뭇이 흘리고 있다. 대화까지는 팔십 리 밤길, 고개를 둘이나 넘고 개울을 하나 건너고 벌판과 산길을 걸어야 된다. 길은 지금 긴 산 허리에 걸려 있다. 밤중을 지난 무렵인지 죽은 듯이 고요한 속에서 짐승 같은 달의 숨소리가 손에 잡힐 듯이 들리며, 공포기와 옥수수 잎새가 한층 달에 푸르게 젖었다. 한허리는 온통 메밀 밭이어서 피기 시작한 꽃이 소금을 뿌린 듯이 흐뭇한 달빛에 숨이 막힐 지경이다. 붉은 대궁이 향기같이 애잔하고 나귀들의 걸음도 시원하다. 길이 좁은 까닭에 세 사람은 나귀를 타고 외줄로 늘어섰다. 방울 소리가 시원스럽게 딸랑딸랑 메밀밭께로 흘러간다.
> 이효석「메밀꽃 필 무렵」중에서

② 사회적 배경

*소설에 등장하는 인물을 둘러싸고 있는 사회적 환경을 말한

다. 즉 정치적, 문화적, 종교적 상황 등이 해당된다. 여기에서는 인물이 처한 시대나 사회 상황이 잘 나타나도록 하는 것이 중요하다.

> 싸움, 간통, 살인, 도둑, 징역, 이 세상의 모든 비극과 활극의 근원지인, 칠성문 밖 빈민굴로 오기 전까지는, 복녀의 부처는(사농공상의 제2위에 드는) 농민이었다.
> 복녀는, 원래 가난은 하나마 정직한 농가에서 규칙있게 자라난 처녀였었다. 예전 선비의 엄한 규율은 농민으로 떨어지자부터 없어졌다. 하나, 그러나 어딘지 모르지만 딴 농민보다는 좀 똑똑하고 엄한 가율이 그의 집에 그냥 남아 있었다. 그 가운데서 자라난 복녀는 물론 다른 집 처녀들같이 여름에는 벌거벗고 개울에서 멱감고, 바짓바람으로 동네를 돌아다니는 것을 예사로 알기는 알았지만, 그러나 그의 마음속에는 막연하나마 도덕이라는 것에 대한 저품을 가지고 있었다.
> 김동인 「감자」 중에서

③심리적 배경

*주로 심리주의 소설에서 많이 나타나는 것으로, '의식의 흐름'이나 '내적 독백' 등으로 나타난다. 심리주의 소설의 배경은 과거·미래·현재를 뒤섞어서 사용하는 심리적 시간과 더불어 논리를 초월하여 확대된 시간과 공간에서 효과적으로 나타난다.

'박제(剝製)가 되어 버린 천재(天才)'를 아시오? 나는 유쾌하오. 이런 때 연애까지가 유쾌하오.

육신(肉身)이 흐느적흐느적하도록 피로했을 때만 정신이 은화(銀貨)처럼 맑소. 니코틴이 내 횟(蛔)배 앓는 뱃속으로 스미면 머릿속에 으레히 백지가 준비되는 법이오. 그 위에다 나는 위트와 패러독스를 바둑 포석처럼 늘어놓소. 가증할 상식의 병이오.

나는 또 여인과 생활을 설계하오. 연애 기법에마저 서먹서먹해진, 지성의 극치를 흘긋 좀 들여다본 일이 있는, 말하자면 일종의 정신 분일자 말이오.

이상 「날개」 중에서

④상황적 배경

*소설에서 인간이 처해 있는 상황을 상징적으로 보여줌으로써 주제와 깊게 연관시킨다. 카뮈의 「이방인」에서 뜨거운 태양과 열사와 주인공의 권태로운 생활은 현실의 부조리한 모습을 상징적으로 제시하고 있으며, 카프카의 「변신」에서 그레골이 벌레로 변신하여 좁은 방에서 갇혀 사는 모습은 인간 실존의 비극을 향한 극단적 통찰을 상징적으로 제시하고 있다.

그레골 자무자는 어느 날 아침, 밤새도록 악몽에서 시달리다가 눈을 뜨니 자신이 어느새 침대 위의 거대한 독충(毒蟲)으로 변해 있는 것을 발견했다. 철갑처럼 단단하고 딱딱한 등껍질을 아래로 하고 누워 있으며 고개를 조금 쳐들고 살펴보니 갈색의 불룩한 배가 눈에 들어왔다. 배는 여러 개의 활 모양의 딱딱한 띠로 나뉘어져 있었다. 배 위에는 금방이라도 흘러 떨어질 듯한 홑이불이 위태롭게 걸쳐져 있었고 몸의 다른 부분에 비해 한심할 정도로 섬약(纖弱)한 다리가 무수히 돋아나 있었으며 그것들이 바로 그의 눈앞에서 불안스럽게 바르르 떨고 있는 것이었다.

카프카「변신」중에서

소설-5

1. 소설의 요소-4

(5) 시점과 거리

1) 시점

*시점(point of view)은 작중 인물을 누가 어떤 위치에서 사건을 관찰하여 이야기해주는가 하는 화자의 위치와 시각을 말한다. 같은 사건이라도 이것을 바라보는 각도와 입장에 따라서 내용이 다르게 나타난다. 시점에 따라서 주제의 구현이나 인물의 형상화와 미적 효과 등이 다르게 나타나므로 시점의 문제는 소설 구성에서 매우 중요하게 작용한다.

*서술자의 위치에 따라서 서술자가 작중 인이냐 아니냐에 따라 1인칭 시점과 3인칭 시점으로 나눈다. 서술자의 태도에 따라서 서술자가 사건의 외부에서 사건과 인물에 대해 관찰만 하느냐, 아니면 인물의 내면 심리와 사건의 의미까지 분석하느냐에 따라 관찰자 시점과 전지적 시점으로 나눈다.

① 1인칭 주인공 시점(first-person narration)

*주인공 '나'가 자신의 이야기를 하는 서술 시점을 말한다. 즉 주인공이 자신의 체험과 생각을 서술하는 형태로 성격의 초점(focus of character)과 서술의 초점(focus of narration)이 일치되는 시점을 말한다.

*이 시점은 긍정적인 인물이 주인공 일 때, 독자에게 친근감과 신뢰감을 주어 리얼리티 획득에 이점이 있다. 주인공 '나'는 비록 허구적 인물이지만 서술태도가 사실적이어서 실제 같은 느낌을 준다. 그러나 시점이 고정되어 있어 단조롭고 객관성이 떨어져 감상적으로 기울기 쉬우나 자신의 내면세계나 심리 변화를 추구하는 데에 효과적이다. 인물과 소설의 초점이 일치하여 작품 소재의 일관된 체계나 통일성을 이룰 수 있다.

*주로 최서해의 『탈출기』와 같은 서간체 소설이나 염상섭의 『만세전』 등이 여기에 속한다.

그러나 요새로 와서 나의 신경은 점점 흥분하여 가

지 않을 수가 없다. 이것을 보면 적개심이라든지 반항심이라는 것은 보통 경우에 자동적, 이지적이라는 것보다는 피동적, 감정적으로 유발(誘發)되는 것인 듯하다. 다시 말하면, 일본 사람은 지나치는 말 한 마디나 그 태도로 말미암아 조선 사람의 억제할 수 없는 반감을 끓어오르게 하는 모양이다. 그러나 그것은 결국에 조선 사람으로 하여금 민족적 타락에서 스스로를 구하여야 하겠다는 자각을 주는 가장 긴요한 원동력이 될 뿐이다.

염상섭 「만세전萬歲前」 중에서

②1인칭 관찰자 시점(first-person-observer narration)

*이 서술방법은 '나'가 관찰자의 입장에서 주인공에 대하여 이야기하는 서술시점이다. '나'는 관찰자이며, 주인공은 '나'와는 상관없는 별개의 인물이다. 또한 소설 구성의 한 수법으로 중간자를 통해 주인공의 이야기를 날카롭게 드러낼 수 있는 의도로 이루어지는 시점이다. 그러나 관찰자의 관찰 기회가 제한되고 서술자는 해석하는 자가 되어 작품을 설명할 수밖에 없는 한계가 있다.

*주요섭의 『사랑손님과 어머니』, 김동인의 『광염 소나타』, 현진건의 『빈처』 등이 1인칭 관찰자 시점의 대표적인 작품들이다.

　　　　어머니는 풍금 곡조에 맞추어서 노래를 부르기 시작
　　하였습니다. 어머니의 목소리가 그렇게도 아름다운 것
　　도 나는 이때까지 모르고 있었습니다. 어머니는 참으로
　　우리 유치원 선생님보다도 목소리가 훨씬 더 곱고, 또
　　노래도 훨씬 더 잘 부르시는 것이었습니다. 나는 가만
　　히 서서 어머님 노래를 들었습니다. 그 노래는 마치도
　　은실을 타고 별나라에서 내려오는 노래처럼 아름다웠습
　　니다. 그러나 얼마 오래지 않아 목소리는 약간 떨리기
　　시작하였습니다. 가늘게 떨리는 노랫소리, 그에 따라
　　풍금의 가는 소리도 바르르 떠는 듯했습니다. 노랫소리
　　는 차차 가늘어지더니 마지막에는 사르르 없어져 버렸
　　습니다. 풍금 소리도 사르르 없어졌습니다.
　　　　　　　　주요섭 「사랑손님과 어머니」 중에서

③작가 관찰자 시점(author-observer narration)

*이 서술방법은 3인칭 관찰자 시점이라고 하는데, 1인칭 관찰자 시점보다 극적이고 객관적일 수 있으며, 시점이 확대되어 있다고 볼 수 있다. 작가가 외부적인 관찰자의 입장에서만 작품을 서술하기 때문에 독자의 상상력은 오히려 넓혀진다. 작가 관찰자 시점은 구체적인 표현을 통해 사건의 진전을 이끌고 간다는 측면에서는 효과적이지만, 너무 단조로운 느낌을 줄 수 있어서 장편 소설에는 어울리지 않는다.

*황순원의 『소나기』, 염상섭의 『임종』, 안수길의 『제삼인간

형』, 김정한의 『사하촌』 등이 있다.

　　군데군데 좀 구멍이 나서 썩어가는 기둥이 비뚤어지고, 중풍 든 사람의 입처럼 문조차 돌아가서 — 북쪽으로 사정없이 넘어가는 오막살이 앞에는, 다행히 키는 낮아도 해묵은 감나무가 한 주 서 있다. 그러나 그게라야 모를 낸 후 비 같은 비 한 방울 구경 못한 무서운 가뭄에 시달려 그렇지 않아도 쪼그라졌던 고목 잎이 볼모양 없이 배배 틀려서 잘못하면 돌배나무로 알려질 판이었다. 그래도 그것이 구십 도가 넘게 쪄 내리는 팔월의 태양을 가리어, 누더기 같으나마 밑둥치에는 제법 넓은 그늘을 지웠다. 그걸 다행으로 깔아둔 낡은 삿자리 위에는 발가벗은 어린애가 파리똥 앉은 얼굴에 땟물을 조르르 흘리며 울어댄다. 언제부터 울었는지 벌써 기진맥진해서 울음소리조차 잘 아니 나왔다. 그 곁에 퍼뜨리고 앉은 치삼 노인은, 신경통으로 통통 부어 오른 두 정강이 사이에 깨어진 뚝배기를 끼우고 중얼거려 댄다.

　　　　　　　　　　　　김정한 「사하촌」 중에서

④전지적 작가 시점(omniscient-author narration)

*작가가 직접 작품에 관여하여 사건의 전개나 등장인물의 심리, 행동의 동기, 감정 등 모든 것을 알고 있으며, 작품 속에 직

접 개입하여 인물이나 사건을 비평하기도 한다. 따라서 작가는 등장인물의 외부적인 행동과 태도는 물론 심리적 내부세계까지도 해석하며 사상, 관념 등의 작가의식도 자유롭게 구사한다. 따라서 서술자의 광범위한 관여로 독자의 상상력을 제한하기도 한다. 이 시점에는 작가의 전지적 재량을 마음껏 발휘하는 논증적 전지의 시점과 비교적 객관적 서술에 충실하려는 객관적 전지의 시점이 있다. 가장 전통적인 소설시점으로 장편소설에서 많이 쓰인다.

*이광수의 『무정』, 염상섭의 『삼대』, 김동인의 『명문』 등이 있다.

> 수원집은 열쇠가 놓였으면 우선 그것부터 집어 놓고서 따지려는 것이라서, 덕기가 성큼 넣어 버리는 것을 보니 이제는 절망이다. 영감이 좀 더 혼돈천지로 앓거나, 덕기가 이 집에서 초혼 부르는 소리가 난 뒤에 오거나 하였더라면, 머리맡 철궤 안의 열쇠를 한 번은 만져 볼 수가 있었을 것이다. 금고 열쇠를 한 번만 만져 볼 틈을 타면 일은 피는 것이었다. 그러나 그 틈을 탈 새가 없이 이 집에 사자가 다녀 나가기 전에 덕기가 먼저 온 것이다. 덕기의 옴이 빨랐던지 사자의 옴이 늦었던지? 저희들의 일 꾸밈이 어설프고 굼뜬 탓이었던지? 어쨌든 이제는 만사휴의(萬事休矣)다!
>
> 염상섭 「삼대」 중에서

2) 거리

*시점과 함께 소설 기술의 중요한 요소에는 미적 거리와 심리적 거리가 있다. 이 거리(distance)는 작자와 서술자, 서술자와 등장인물, 작가와 등장인물, 서술자와 독자 등의 관계에서 나타나는 거리를 말한다.

*시점의 측면에서 본다면 1인칭 시점은 독자와 등장인물과의 거리를 단축시키는 경향이 있다. 3인칭의 시점의 경우 독자와 등장인물의 거리는 더 큰 거리를 포함하고 있다. 전지적 시점의 경우는 가까울 수도 있고, 멀 수도 있다. 이 거리의 문제는 작가의 수법에 의해 효과적으로 유지될 수 있다.

*작품은 작중 인물과 독자의 교섭을 통해 소설의 기능이 발휘되며, 독자가 작중에서 작가의 존재를 의식하면 작품을 파악하는데 방해가 되지만 작품보다 작가를 내세우는 경우 작가를 더 가깝게 이해할 수도 있다.

> 말대가리 윤용규, 그는 삼십이 넘도록 탈망바람으로 삿갓 하나를 의관 삼아 촌 노름방으로 으실으실 돌아다니면서 개평푼이나 뜯으면 그걸로 되돌아 앉아 투전장이나 뽑기, 방퉁이질이나 하기, 또 그도 저도 못하면 가난한 아내가 주린 배를 틀켜쥐고서 바느질품을 팔아 어린 자식(이 어린 자식이라는 게 그러니까 지금의 윤직원 영감입니다.)과 입에 풀칠을 하는 것을 얻어먹고는, 밤이나 낮이나 질펀히 드르누워, 소대성 여대치게 낮잠이나 자기…… 이 지경으로 반생을 살았습니다.
> 채만식「태평천하」중에서

*이 작품에서 서술자는 인물의 행동과 사고방식을 가까운 거리에서 상세히 전해주지만, 그를 긍정적으로 보지는 않는다. 따라서 서술자와 등장인물의 사이는 거리가 멀게 느껴진다. 작자는 이러한 거리감을 통해 독자에게도 심리적 거리감을 갖도록 이끌어 내고 있다.

제10-2강

소설의 분류

(1) 플롯에 따른 분류

1) 총체소설

*플롯을 기준을 소설을 분류한 사람은 티보데(A. Thibaudet)와 뮤어(E. Muir)이다. 특히 티보데는 소설을 총체소설, 피동소설, 능동소설로 나누었다.

총체소설은 개인을 등장시켜 작품을 구성하기보다는 집단의 사회상을 파노라마와 같이 묘사하는데 주력하는 것을 말한다. 따라서 작품에서 개인적 표현보다는 거대한 사회의 모습을 드러낸다. 그러므로 소설을 개인적인 발전으로 이끌어 나간다면 소설 자체가 해체되는 결과에 이른다.

총체소설의 대표적인 작품으로는 톨스토이(Tolstoy)의 『전쟁과 평화』, 위고(V. Hugo)의 『레미제라블』 등이 있다.

2) 피동소설(roman passif)

*현실 자체에서 원리를 취하는 단순한 소설형식을 말한다. 창작상의 기교나 원리를 요구하지 않기 때문에 비교적 시간처리가 자유롭고, 스토리를 계속 연결할 수 있다. 피동소설은 기록소설, 진행형소설로 나누기도 한다.

　대표적인 작품으로는 디킨스(Charles Dickens)의 『데이비드 커퍼필드』와 스탕달(Stendhal)의 『적과 흑』, 사르트르(J. P. Sartre)의 『보봐르 부인』 등의 있다.

3) 능동소설(roman actif)

*작품의 사건이나 배경, 등장인물 등을 작가가 자유롭게 창조하여 쓴 소설을 말한다. 따라서 능동소설에서는 작가의 독창적 작품 구조가 드러나며 통일된 구성을 갖추고 에피소드를 연결시키는 것이 특징이다.

4) 성격소설(novel of character)

*성격소설은 뮤어가 분류하였으며, 공간을 무대로 하여 주인공의 성격이 묘사되면서 스토리가 전개되는 소설을 말한다. 스토리 위주의 행동소설과 대조를 이루는데 스티븐슨(Stevenson)의 『보물섬』이나 스코트(Walter Scott)의 『아이반호』 같은 행동소설에서는 개개의 사건이나 행동이 중요하지만, 성격소설에서는 인물의 성격이나 심리에 중점을 둔다.

성격소설은 공간적이지만, 극적소설은 시간적이어서 서로 대조적인 측면을 이룬다. 성격소설은 인물중심으로 플롯이 한정되어있지만, 극적소설은 구성 중심으로 작품의 균형이 오직 플롯에 의지하게 된다.

*뮤어는 '성격소설이 생활의 양상을 그린다면 극적소설은 체험의 양상을 형상화하며, 성격소설의 가치는 사회적이고, 극적소설의 가치는 개인적이거나 보편적이다.'라고 하였다.

5) 극적소설(dramatic novel)

*극적소설은 공간 의식보다 시간 의식을 강조하는 소설형식이다. 극적소설은 공간 의식보다는 시간 안에서의 사건의 집중적인 전개를 중요시하는 소설이다. 주요 작품으로는 브론테(E. Bronte)의 『폭풍의 언덕』, 오스틴(J. Austen)의 『오만과 편견』, 멜빌(Herman Melville)의 『백경』 등이 있다. 극적소설을 경험양상의 이미지이며, 그 결말은 비극적이고 평정이냐 죽음이냐의 결단을 내린다.

6) 연대기소설(chronicle novel)

*연대기소설은 극적소설과 성격소설이 지닌 특징적 요소, 즉 극적소설이 시간에서 자유로운 점과 성격소설이 공간에서 자유로운 점을 잘 조화시켜 소설미학을 형성하고 있다. 극적소설의 플롯이 긴밀하고 논리적으로 발전하는데, 비해 연대기소설의 플

롯은 몇 개의 에피소드로 엮어지는 외적 진행으로 되어 있다. 주요 작품으로는 톨스토이(Tolstoy)의 『전쟁과 평화』, 로렌스(H. D. Lawrence)의 『아들과 연인』, 울프(V. Woolf)의 『야콥의 방』 등이 있다.

*뮤어는 이외에도 연대기소설의 한 분파로 시대소설을 들고 있는데, 이는 개인을 중심으로 한 시대의 세태와 풍속을 나타내고 있으며, 작품으로는 드라이저(T. Dreiser)의 『아메리카의 비극』이 해당된다.

(2) 분량에 따른 분류

1) 꽁트(conte)

*꽁트는 단편 장르에 속하는 것으로 장편소설(掌篇小說) 혹은 엽편소설(葉篇小說)이라고도 한다. 소설 형식의 문학 작품 중 가장 짧으며 200자 원고지 10~20매 이내로 지극히 단편적(斷片的) 사상(事象)을 다루며 함축적이다. 또한 구성이 압축되어 있고, 어떤 사건의 순간적인 것을 포착하여 기지, 풍자, 해학을 담아 표현한다.

*정비석은 '꽁트란 단편소설보다 착상이 기발하여야 하고, 풍자와 기지가 풍부해야 한다. 꽁트는 한 사건의 순간적인 모멘트를 붙잡아 예리한 비판력과 압축된 구성법과 해학적 필치로써 단적

이고 반어적으로 표현해야 한다. 또한 꽁트는 사건 진전이 클라이막스에 가서 예상외의 전환을 보여주어야 한다.'고 말한다. 주요 작품으로는 정비석의「색지 풍경」, 이무영의「낚시질」, 하마드 레리호의「독일군이 남겨 놓은 것」, 황순원의「모델」등이 있다.

2) 단편소설(short story)

*단편소설의 역사는 매우 짧다. 19C에 그 형태를 갖추었으나 그 후에 완성된 소설 형식이다. 단편소설의 아버지라고 불리는 포우(E. A. Poe) 이후 고골리(Gogoli), 체홉(Chekhov), 모파상(Maupassant), 오헨리(O.Henry), 헤밍웨이(Hemingway)에 이르러 단편소설은 발달하였다. 단편소설은 20세기에 접어들면서 사회의 급속한 발전과 더불어 크게 발달하였으며, 짧은 형식으로 그 시대에 적합한 소설양식이 되었다.

*단편소설의 특징은
①길이가 200자 원고지 50~100매 정도의 분량으로 짧다. 포우(Poe)가 말한 것처럼 단숨에 읽을 수 있어야 할 정도로 분량이 짧아야 한다.
②단일한 예술적 효과와 인상의 통일이 이루어져야 한다. 사건이나 성격 또는 정서까지도 단일성을 살려 통일성을 가져야 한다.
③구성이 압축되고 기교적이어야 한다. 단편 작가는 제재를

압축해서 표현하는 능력과 언어를 절제하면서도 의도하는 충분한 효과를 거둘 수 있어야 한다.

④인생을 단면적으로 그려야 한다. 삶의 한 단면을 인상적으로 그릴 수 있어야 한다. 그러기 위해서는 단일한 사건에 기초를 두고 짧은 기간에 사건을 처리하도록 해야 한다.

3) 장편소설((roman or novel)

*장편소설의 특징은
①장편소설의 형식은 비교적 길다. 200자 원고지 1천장 이상이면 장편으로 본다. 여러 권으로 이루어진 방대한 분량의 대하소설(大河小說)도 있다.
②단편소설의 특징이 압축이라면 장편소설은 특징이 확대성이다. 장편소설은 시간과 공간의 확대를 허용할 수 있고, 그래서 부차적인 사건은 얼마든지 복잡하게 확대되고 복합적인 구성을 취하게 된다.
③장편소설은 자유로운 구성을 통하여 과거나 현재를 전면적으로 나타낸다. 따라서 장편을 구사하기 위해서는 다양한 인생 체험과 삶을 통찰할 수 있는 안목이 있어야 한다.
④단편소설이 기교와 형식에 중점을 두는데 비하여 장편소설은 문학적 성과에 역점을 둔다.

*대하소설(roman fleuve or river novel)

*프랑스의 소설가 앙드레 모루아(Andre Morua)가 처음으로

'로망 플뢰브(roman fleuve)'라는 용어를 사용해서 일반화되었다.
　*한 인간의 인생 역정을 큰 강물의 흐름처럼 포괄적으로 그리는 가장 커다란 구조의 소설이다.
　*최초의 대하소설은 로망 롤랑의 『장 크리스토프』이다.
　*방대한 대하소설의 대표작으로는 에밀 졸라의 『루공 마카르 총서』, 톨스토이의 『전쟁과 평화』, 홍명희의 『임꺽정』, 이기영의 『두만강』, 박경리의 『토지』, 황석영의 『장길산』, 최명희의 『혼불』, 김주영의 『객주』, 조정래의 『태백산맥』 등이 있다.

(3) 문예사조에 따른 분류

1) 낭만주의 소설

　*서양에서 18세기 말에서 19세기 중엽까지 유럽 전역과 남북 아메리카에 전파된 문예사조이며, 고전주의에 대한 반동으로 이성보다는 감정을, 동적인 것보다는 정적인 것을, 노골적인 것보다는 우아함을, 객관적이기보다는 주관적이며, 현실적이기보다는 낭만적인 경향을 띤 소설을 일컫는다.

　*낭만주의는 개인의 정서나 재능을 바탕으로 한 작품 활동을 강조하였고, 이상세계의 동경이 그 주조를 이루고 있다. 낭만주의 문학은 이국정취에 깊은 관심을 보여주며, 자연과 인간을 하나의 유기체로 바라보며 자연을 통해 인간의 모습을 찾으려 한다. 대표적인 작가로는 영국의 워즈워드,

바이런, 셸리, 키이츠, 스코트가 있고, 독일의 슐레겔 형제와 노발리스, 티크, 아르님, 브렌타노, 하이네 등이 있으며, 프랑스의 샤토브리앙, 라마르티느, 위고, 뮈세, 네르발, 메리메 등이 있다.

우리나라에서는 1920년대에 낭만주의가 대두하였으며, 나도향 김유정 등이 작품을 썼다.

2) 사실주의 소설

*낭만주의와 반대되는 개념으로 사물을 있는 그대로 충실히 묘사한 소설이다. 현실을 있는 그대로 모사(模寫)하여 객관적 상태를 그린 문예사조로 자연주의의 모태가 된다. 대표 작품으로는 스탕달의 『적과 흑』, 발자크의 『인간희극』, 플로베르의 『보봐르 부인』, 하디의 『테스』, 디킨즈의 『데이비드 커퍼필드』, 톨스토이의 『전쟁과 평화』 등이 있다. 우리나라에서는 김동인, 전영택이 처음으로 사실주의적 경향을 드러냈으며, 염상섭, 현진건 등이 사실주의 계열에 속하는 작품을 썼다.

3) 자연주의 소설

*19세기 말 프랑스를 중심으로 일어난 문예사조로 문학에 자연과학의 엄밀성을 적용하면서 등장한 소설이다. 자연주의는 사실주의와 동질성을 가지지만 더 과학정신에 적극적이고 사실주의보다 더 비판적이고 고발적인 요소가 두드러진다. 자연주의 소설에서는 인간의 생태를 자연현상으로 보고, 인간이란 시대나

환경에 따른 유전에 의해 성격과 운명이 결정된다는 기계적이고 자연과학적인 인간관을 그려낸다. 자연주의는 사실주의의 연장선상에 있으며, 세기말 허무주의가 팽배한 현실에서 인간과 사회의 추악한 면을 파헤치는데 초점을 맞추었다.

대표적인 작품으로는 졸라의 『루공 마카르 총서』, 모파상의 『비곗덩어리』, 도스토옙스키의 『카라마조프가의 형제들』 등이 있다. 우리나라에서는 3·1운동 후 사회의 어두운 면을 파헤친 염상섭의 『표본실의 청개구리』를 시작으로 현진건, 나도향 등이 있다.

4) 심리주의 소설

*20세기에 심리학의 발달과 프로이드의 정신분석학의 영향으로 인간의 무의식의 세계를 추구한 소설이다. 심리주의 소설이란 의식과 무의식이 혼재하는 인간의 내면세계를 그리는 소설로 1인칭 주인공의 의식 흐름에 따라 기술되는 특징을 지닌다.

프루스트의 『잃어버린 시간을 찾아서』라는 소설을 필두로 조이스·울프·포크너 등이 유명하다. 우리나라에서는 1930년대 이상의 『날개』, 『종생기』 등에서 이러한 기법을 시도하였다.

5) 실존주의 소설

*19세기 합리주의적 관념론이나 실증주의에 반대하여 인간의

주체적 존재를 강조하는 실존주의 철학을 바탕으로 한 소설이다. 사르트르는 '인간에게는 실존이 본질에 선행하며, 인간의 본질을 결정하는 신은 존재하지 않기 때문에 개인은 자유로운 입장에서 스스로 인간의 존재 방식을 선택하도록 되어 있다는 것이다.'

카프카의 『변신』에서 인간의 고독과 소외를 다루고 있으며, 사르트르의 『구토』를 통해 문학운동으로 발전되었고, 까뮈의 『이방인』에서 인간 존재의 조건을 다루고 있다. 우리나라에서는 전후문학인 장용학의 『요한시집』, 『원형의 전설』, 손창섭의 『잉여인간』, 이범선의 『오발탄』 등이 있다.

제11-1강

소설의 특성

(1) 소설과 예술

*소설은 예술성에 의한 미적구조로 이루어져 있다. 소설은 산문으로 되어 있으며, 허구적 성격을 지니지만, 인간을 구제할 수 있는 삶의 지표를 진실성을 가지고 창조적으로 표현한다.
*김동리는 소설이 지니는 특징이 '구성적인 이야기, 서술된 이야기, 인생의 이야기, 창조적 이야기'로 소설은 이야기에 근본 두고 있지만, 어디까지나 꾸며진 이야기라는 것이다.

*소설은 세계와 자아를 토대로 작가가 표현하고 싶은 사상을 어떻게 구조화하여 나타내느냐가 이 미적구조에 해당된다. 즉 작가가 선택한 주제나 제재를 어떻게 플롯이나 시점, 인물, 배경에 구사하여 표현할 것인가에 따라 언어예술로서의 소설작품이 형성되는 것이다.

*작가는 주어진 상상적인 세계를 재구성하여 작가의 역량을 발휘하여 새로운 질서를 부여 할 때 언어예술로서의 소설작품이 된다. 마치 작가는 장인(匠人)의 정신으로 작중 인물을 형상화하여 예술성을 획득함으로써 미적구조를 탄생시키는 것이다. 장인정신의 기법은 수련을 말하고 창작의 자세를 말하며, 기법은 작가의 훈련과정을 통해 생경한 삶의 체험이 형상화되는 것이다. (구인환, 『소설 쓰는 법』, 동원출판사, 1982, p.120~160)

*허드슨은 '리얼리티가 없는 소설은 소설이 아니다.'라고 하여 소설은 작가에 의해서 꾸며진 픽션이지만 리얼리티가 있어야 예술다운 예술로 남을 수 있다는 것이다.
*소설에서 리얼리티는 곧 논리성을 의미하는 것으로 플롯이나 등장인물의 설정 및 배경 등에 있어서 통일성과 질서가 이루어지면서 개연성을 확보할 때 가능해진다는 것이다.

*소설의 리얼리티는 다양하고 가변적이고 새롭게 존재하기 때문에 하나의 목적이나 수단을 위한 방향으로 나아갈 때는 예술성을 상실하게 된다.

*소설은 인간의 이상과 인간성을 탐구하면서도 언어예술로서의 형상화를 추구하는 예술성을 갖추어야 한다. 따라서 철학성과 예술성을 지니면서도 독창성을 토대로 리얼리티와 통일성을 이루어야 한다.

*소설은 서술의 형식을 취하며 작가가 이야기를 과거화해서

설명하는 방식으로 진행된다. 희곡의 현재화와 다르게 소설은 이야기를 전하는 방식에서 과거형을 쓴다.

(2) 소설과 사회

*소설은 시대의 삶을 반영하기 때문에 사회와 밀접한 관계에 있다. 그 시대의 이상적 질서를 추구하려는 경향은 시대나 사회와 동질성을 지니며 서로 간의 상동관계에 놓여 있다.

*소설의 형태는 소설 구조 분석을 통해서 사회 구조 분석에 도달할 수 있어서 소설과 사회가 대응 관계를 지니면서도 서로 상동관계임을 인정하게 된다.

*소설은 역설성과 저항성을 지닌다. 이는 그 사회의 일반성을 받아들이면서도 한편으로는 이를 초월한다는 것이다.
*소설이 그 사회를 초월한다는 것은 문제적 개인이 당면한 세계를 개혁하려는 진보적인 사상을 내세울 때 가능한 것이다.

*루카치나 지라르는 '소설이란 언제나 문제되고 있는 진정한 가치가 의식적인 인물로서 표현된다든지, 구체적인 현실형태로 나타나지 않는 하나의 문학 장르로 부각된다.'고 하였다.

*루카치는 '소설은 그 사회의 진실을 추구함에 있어, 그 사회의 구조를 통하여 구현하기 때문에 타락한 사회에서 타락한 방

법으로 문제적 인물의 의식과 행동을 보여줄 수밖에 없게 된다.'고 말한다.

＊발자크는 '개인과 사회와의 관계에서 인간을 파악하고, 계층을 대변하는 전형적 인간을 형상화함으로써 사회적 인과관계가 전 작품을 지배하는 원칙을 이루고 있다.'고 하여 사회와의 관계 속에서 개인의 기능을 높이 평가하였다.

＊골드만은 '소설이란 매우 복잡한 구조이어서 작가가 속한 집단의 사회생활 속에 어떤 토대도 없이 순전히 개인적인 창안만으로 나타날 수 있는 것은 아니다.'라고 하여 소설에서의 한 개인은 한 집단을 드러내는 공인으로 인식하여 사회 전체를 표출할 때, 작가의 초월적 의지를 드러낼 수 있다는 것이다.

(3) 소설과 리얼리즘

＊근대소설은 리얼리즘과 함께 출발하였다. 리얼리즘은 이상과 현실 중 현실만의 세계에서 인간과 현실을 있는 그대로 객관적인 입장에서 묘사하는 것을 뜻한다.
＊리얼리즘 문학에서는 현실에 충실한 묘사 자체를 의미하는 것은 아니라 작가는 현실이 어떻게 되어야 하는가에 비전을 제시해 주는 것이다.
＊리얼리즘은 현실과 가능의 변증법에 기초하고 있으며, 소설

은 작가가 현실 사회의 모순을 통찰하여 미래로 나아갈 방향을 제시해야 한다. 작가는 그 시대와 사회가 바라는 주인공의 전형성을 획득하여, 미래의 역사적 방향을 제시해 그 시대의 변동에 반응하는 기수가 되어 진실을 추구하는 것이 필요하다.

　*소설에서 전형적인 주인공들은 사회 변화의 힘을 집중시키는 인물로서 사회 변화에 영향을 주며, 미래 사회를 위한 예언자의 역할을 해야 한다.

제11-2강

한국의 소설-1-고대소설

1) 소설의 전 단계(前段階)

*고대 국가의 성립과 더불어 건국 신화가 많이 창작되었다.
*고조선 건국신화인 단군신화와 고구려의 주몽신화, 가락국의 건국신화 등 대부분의 건국 신화는 건국의 신성성을 강조하고 그 민족의 우월성을 등을 내용으로 하는데 그 영웅 신화 속에서 소설의 편린을 찾아볼 수 있다.
*『삼국유사』,『삼국사기』에는「온달전」,「조신전」등의 전설, 민담이 실려 있다.
*고려 태조 왕건은 자신의 업적을 건국신화로 만드는 데 이를 고대 건국 서사시의 전통을 이은 것으로 본다.
*고려 전기 설화문학인『수이전』에는 소설의 골격을 갖춘 뛰어난 작품들이 있고, 이규보의「동명왕편」, 이승휴의『제왕운기』는 민족의식을 중심으로 한 대민족서사시라고 불린다.

2) 전기소설(傳奇小說)

*전기(傳奇)는 '기이한 이야기를 전한다.'라는 뜻으로 기괴하고 신비한 세계를 다룬다. 전기는 기이한 이야기이면서도 현실적 사회문제에 큰 관심을 보이고, 묘사에 있어서도 훨씬 섬세하며, 교훈적 주제까지 지니고 있어 작가의 개성과 사상을 분명하게 드러내 보인다는 평가를 받기도 하였다. 조선의 유교사회에서 이를 금기하였는데, 명나라 구우의 『전등신화』에 영향을 받아 김시습이 『금오신화(金鰲新話)』가 씌어졌다.

*김시습의 『금오신화』는 「만복사저포기(萬福寺樗蒲記)」, 「이생규장전(李生窺墻傳)」, 「취유부벽정기(醉遊浮碧亭記)」, 「남염부주지(南炎浮洲志)」, 「용궁부연록(龍宮赴宴錄)」 등 5편으로 이루어진 우리나라 최초의 한문 단편 소설이다.

3) 의인소설(擬人小說)

*사물이나 동식물 등을 의인화하여 교훈적이고 풍자적인 내용을 담아내는 소설을 말한다. 가전체 소설 또는 가전체 문학이라고 한다.

*고려시대가 의인소설의 융성기로 임춘의 「공방전」, 「국순전」, 이곡의 「죽부인전」, 이규보의 「국선생전」, 「청강사자현부전」, 이첨의 「저생전」 등으로 사물을 의인화하였으며, 주제는 주로 계세징인(戒世懲人)이었다.

*조선 전기에는 의인소설이 가장 활발하게 창작된 시대로 사물보다 사람의 마음을 의인화한 작품이 많았는데, 임제의「수성지」, 김우옹의「천군전」, 정태제의「천군연의」, 유치구의「천군실록」등으로 천군소설이라고도 불린다.
*조선 후기의 한글본 의인소설은 민간설화를 다룬 것으로「장끼전」,「서동지전」,「섬동지전」,「까치전」,「황새결송」,「오원전」등이 있다.

4) 몽유록계 소설(夢遊錄系 小說)

*현실과 꿈 그리고 현실의 환몽(還夢)형식으로 이루어진 소설이다.
*이 소설들은 꿈속에서 활동하는 주인공들이 강직하고 호방하며 세상을 개탄하는 내용으로 되어 있다. 이들 작품으로는 임제의「원생몽유록」, 심의「대관제몽유록」, 윤계선의「달천몽유록」, 신광한의「안빙몽유록」, 작자 미상의「금화사몽유록」,「부벽몽유록」등이 있다.

*조선 숙종 때 김만중의『구운몽』은 '몽자소설'이라고도 하며, 꿈과 현실의 환몽구조의 서사방식을 취하고 있다. 또한 '몽자류소설'의 특성은 '몽유록계소설'보다 길며, 복합적인 구성 형태로 흥미를 더하고, 꿈에서 깨어난 주인공은 다시 천상의 세계로 환원한다는 것이다. 몽유록계 소설은 인생에 대한 본원적인 철학적 화두를 던지는 작품으로 꿈과 환상을 통해 현실을 돌아보게

하는, 현실과 환상 사이의 철학적 긴장이 생생하게 스며있는 작품이다. 이 작품의 영향을 받은 것으로는 남영로의 『옥루몽』, 이정작의 『옥린몽』, 작자 미상의 『옥선몽』 등이 있다.

5) 풍자소설(諷刺小說)

*풍자소설은 사회나 인물 등의 불합리한 결함이나 모순을 빗대어 나타내는 소설을 말한다. 조선시대에 비판적 지식인들은 현실에 대한 부정적, 비판적 태도에 근거를 두고 현실의 모순과 불합리로 인한 무력으로 정면 대결이 불가능한 경우에 날카로운 시선으로 당대의 문제를 풍자하여 나타냈다.
 *박지원의「허생전」,「호질」,「양반전」등의 한문소설은 실학파 작가다운 독특한 개성으로 개혁의식과 사회비판을 형상화하는 풍자적 기법이 뛰어나다.
 *이옥은「심생전」,「포호처전」,「유광억전」,「이홍전」등에서 현실의 여러 문제를 근대지향적 시민의식과 결부시킨 한문단편을 본격적으로 창작하였다.
 *조선 말기에는 평민들의 의식이 높아지면서 봉건사회의 모순을 비판하는 해학적인 풍자소설이 다양하게 등장하였다. 대표적인 소설로는 목태림의「종옥전」, 작자 미상의「이춘풍전」,「오유란전」등이 있다.

6) 군담소설(軍談小說)

*조선 후기에 유행하던 국문소설로, 주인공이 전쟁을 통하여 영웅적 활약을 전개하는 이야기를 흥미 중심으로 하는 소설이다.
*최초의 국문 소설인 허균의 「홍길동전」은 우리 시가의 창작과정에서 축적된 역량의 결과로 군담계 영웅소설의 시초가 되었다.
*군담소설은 창작군담소설과 역사군담소설로 나눈다.
　①창작군담소설-역사적 인물과는 직접 관련이 없는 허구적 영웅의 출세 과정으로의 군담으로 작자 미상의 「유충렬전」, 「조웅전」, 「장백전」, 「소대성전」 등이 있다.
　②역사군담소설-실존했던 인물을 주인공으로 한 그 활약상을 토대로 그려낸 것으로, 작자 미상의 「임진록」, 「임경업전」, 「박씨부인전」 등이 있다.
*이 작품들은 조선 후기로 접어들면서 일어난 임병양란으로 인한 민족적 울분을 서민들의 집단 심리와 몰락한 양반계층이 결합되면서 발생하였다.

*군담소설은 당대의 지배적인 가치관이 드러내며, 대중적인 인기를 누려 전문 작가들이 대거 등장하여, 소설의 위상을 끌어올렸다. 한편으로는 상투적인 이야기의 전개와 한문고사의 사용으로 국문소설의 발전을 지연시키기도 하였다.

7) 가정소설(家庭小說)

*가족 구성원 사이의 갈등을 비롯하여 가정 사이의 또는 세대 사이의 갈등을 중심으로 전개되는 유형을 말한다. 갈등의 핵심적 요인에 따라 쟁총형(爭寵形), 계모형(繼母형), 우애형(友愛形) 등으로 나눈다.

*쟁총형 가정소설로는 김만중의 「사씨남정기」, 「조생원전」, 「정진사전」 등이 있으며, 계모형 가정소설로는 「장화홍련전」, 「콩쥐팥쥐전」, 「김인향전」, 「어룡전」, 「정을선전」, 「황월선전」 등이 있고, 우애형 가정소설로는 「창선감의록」, 「흥부전」 등이 있다.
*가정소설은 조선 후기로 오면서 소설의 장편화를 이루게 되는데, 이는 복잡한 사회현상의 수용과 작가의 구상능력의 발전으로 이를 소화할 수 있는 독자층의 형성으로 연작화와 대하 소설적인 성격의 작품들이 출현하였다. 주요 작품으로는 작자 미상의 『완월회맹연』, 『명주보월빙』, 『임화정연』, 『유씨삼대록』 등이 있다.

8) 판소리계 소설

*조선 후기 소설 가운데 판소리의 사설을 바탕으로 새롭게 서사화된 고전소설을 일컫는다. 판소리가 대중적으로 널리 인기를 누리게 되면서 광대의 소리로 듣던 판소리가 '이야기책'으로 변모되어 소설작품을 이루게 된다.

*판소리계 소설로는 『춘향전』, 『심청전』, 『흥부전』, 『토기전』, 『배비장전』 등으로 이들 소설에서는 현실의 변화를 적극적으로 반영하고 있다. 또한 판소리 자체가 가지는 구어적 특성을 문체에 그대로 반영하고 있어 일상적인 언어의 생동감 있는 묘사가 두드러진다.

*이 작품들은 대중들에게 인기를 얻게 되면서 필사본뿐만 아니라 목판본, 구활자본으로 출판, 유통되었고 이본도 많이 나왔다.

*판소리계 소설은 작품의 내용에 따라 그 표현 방식이 매우 다양하여 많은 사람들에게 향유되면서 조선조 국문소설의 새로운 방향을 제시해주었다.

한국의 소설-2-개화기 소설(신소설)

*고대소설과 근대소설을 잇는 과도기적 역할을 하는 소설로 해당 작품들이 발생한 역사적인 의미와 당대의 문화적인 특성을 강조하는 경우 신소설이라 하였다.

*주요작품으로는 이인직의 『혈의 누(血의 淚)』, 『귀의 성(鬼의 聲)』, 이해조의 『자유종(自由鍾)』, 『화의 혈(花의 血)』, 안국선의 『금수회의록(禽獸會議錄)』, 최찬식의 『추월색(秋月色)』 등이 있다.

*『혈의 누(血의 淚)』는 신소설의 효시로 알려져 있으며, 고전

소설에서 근대 소설로 발전하는 길을 열어주었다. 이 작품은 고전 소설에서 벗어나 당시의 시대상을 반영한 개화의 사상과 문물을 조선 백성에게 각성시키려는 경향을 보이고 있다. 특히 '문명개화, 신교육 사상, 자유 결혼관' 등을 다루어 개화의 물결을 전하고 있지만, 한편으로는 지나친 이상주의를 내세운 점과 청일 전쟁을 다루면서 친일적인 성향을 띠었다는 비판을 받는다. 또 작품 전체에서 우연성의 남발과 행복한 결말 구조를 이루어 고전 소설의 구성과 큰 차이가 없다는 한계가 지적되기도 한다.

*『자유종(自由鐘)』은 지식 여성들의 입을 통해 개화와 계몽에 대한 여러 가지 문제를 토론 형식으로 나타낸 소설로 애국 계몽기의 정치적 담론을 소설화한 것이다. 형식면에서 근대 소설로 이행하는 과도기적 현상으로 나타난 당시의 토론체 소설과 연결되며, 몽유록과의 연관성도 보인다. 특이할만한 점은 등장인물이 모두 여성으로 여권 신장을 주장하여 시대를 앞서나가는 모습을 보여주며, 봉건적인 구속에서 탈피하여 개인주의와 시민 의식을 보여준다는 점이다. 더불어 반외세를 주장하여 자주 독립을 역설하고 있다. 그러나 유교 개혁을 통한 '공자교'를 구상하는 것과 구성이 단순하고 평면적인 대화로 일관하는 한계를 지니고 있다.

*『금수회의록(禽獸會議錄)』은 동물들의 회의를 통하여 인간 사회를 풍자 비판한 우화 소설로, '나'라는 관찰자가

꿈속에서 인간들을 성토하는 회의장에 들어가, 여덟 종류의 동물들의 연설 내용을 기록한 것이다. 이 작품은 외세의 침략과 약탈에 제대로 대응할만한 힘도 없는 상황에서 올바른 방향조차 잡지 못하는 부조리한 당시 사회 각층의 의식 구조를 비판하고, 특히 양반 관료의 부패상에 날카로운 공격을 가한다. 또한 구한말의 어려운 상황 속에서 국권 수호와 자주 독립 의식을 일깨우며, 인간 도덕을 회복하고자 하는 의도를 나타내어 단순한 권선징악의 주제를 드러내고 있는 여타의 작품과는 달리 현실을 풍자하고 있다는 측면에서 돋보인다.

  이 작품의 전체 구성을 살펴보면 다음과 같다.

  우선 서언(序言)에서는 '나'가 꿈속에서 '금수회의소'에 도착한다. 개회취지(開會趣旨)에서는 회장이 개회 취지를 설명한다. 제1석, 반포지효(反哺之孝)에서 인간의 불효를 비판하고, 제2석, 호가호위(狐假虎威)에서 외세 의존의 정치의식을 비판하고, 제3석, 정와어해(井蛙語解)에서 바깥 정세에 어두운 인간을 비판하고, 제4석, 구밀복검(口蜜腹劍)에서 서로 미워하고 속이는 인간을 비판하고, 제5석, 무장공자(無腸公子)에서 지조와 절개 없는 인간을 비판하고, 제6석, 영영지극(營營之極)에서 인간들의 간사함을 비판하고, 제7석, 가정맹어호(苛政猛於虎)에서 포악한 정치를 비판하고, 제8석, 쌍거쌍래(雙去雙來)에서 인간의 음란성을 개탄하고, 마지막 폐회에서는 '나'가 다시 등장하여 동물보다 못한 세상의 타락을 한탄하며 그릇된 사회 풍조를 비판한다.

*신소설은 주로 개화사상과 신교육의 필요성, 자유연애, 여권신장, 미신타파, 과학지식의 중요성 등의 근대적 요소가 융합되어 '개화기 소설'이라는 독특한 형태를 보여주고 있으나, 고전 소설적 요소를 완전히 탈피하지는 못하였다.

　*개화기 소설은 근대소설의 형성을 위한 새로운 인식을 보였지만, 전통적인 의식을 변모하는 데에까지는 나아가지 못하였다.

한국의 소설-3-근대 및 현대소설

1. 1910년대 소설

　*한국의 근대소설은 이광수의 소설에서 시작되는데, 근대의식의 자각과 사회의식의 각성뿐만 아니라 주제나 기법, 문체 등에서 개화기 소설을 탈피하여 근대 소설로서의 면모를 보여준다.
　*1917년 『매일신보』에 발표된 이광수의 『무정』은 우리나라 최초의 근대 장편 소설로 문제작으로 평가된다.
　*춘원은 민족적, 계몽주의적 의식을 형상화하였고, 자유연애를 보여주었다.
　*민족주의의 고취를 위한 설교의 광장으로 삼았으며, 통속성과 평이한 문체의 구사 등에도 불구하고 도산 안창호의 독립준비론을 소설화하였다는 의미를 지니고 있다.
　*이광수의 주요 작품으로는 「어린 희생」, 「헌신자」, 「소

년의 비애」, 「어린 벗에게」, 「방황」 등이 있다.

*이광수의 『무정』은 한국 최초의 근대 장편 소설로 민족 계몽의 필요성을 제시한 부분을 살펴보면 다음과 같다.

> 그네의 얼굴을 보건대 무슨 지혜가 있을 것 같지 아니하다. 모두 다 미련해 보이고 무감각(無感覺)해 보인다. 그네는 몇 푼어치 아니 되는 농사한 지식을 가지고 그저 땅을 팔 뿐이다. 이리하여서 몇 해 동안 하느님이 가만히 두면 썩은 볏섬이나 모아 두었다가는 한번 물이 나면 다 씻겨 보내고 만다. 그래서 그네는 영원히 부(富)하여짐이 없이 점점 더 가난하여진다. 그래서 (몸은 점점 더 약하여지고 머리는 점점 더) 미련하여진다. 저대로 내어 버려두면 마침내 북해도의 '아이누'나 다름없는 종자가 되고 말 것 같다.
> 저들에게 힘을 주어야 하겠다. 지식을 주어야 하겠다. 그리해서 생활의 근거를 안전하게 하여 주어야 하겠다.
>
> 이광수 『무정』 중에서

*이 작품은 1917년에 이광수가 발표한 것으로 교육을 통한 민족의 계몽과 근대화, 그리고 일제 강점으로부터 해방이라는 목표를 세우고 창작한 것이다. 여기에 등장하는 주인공은 민족주의적·계몽주의적 정열을 실현하기 위해 교육의 중요성을 강조한다. 또한 당시의 시대적인 문제인 계

몽성의 필요성을 역설했다는 의의는 지니지만 한편으로는 개화 지식인으로서의 새로운 사상과 구사상의 갈등을 소설로 구성하는 측면에서 지나치게 추상적 민족주의로 귀결되었다는 지적도 받고 있다. 위의 인용은 안정된 생활의 근거를 확보하기 위한 계몽의 필요성을 제시한 부분 중의 일부이다.

2. 1920년대 소설

*3·1독립 운동을 계기로 일제는 식민지 통치 방식을 완화하여 이른바 문화 통치를 펼치면서, 각종 문예지와 동인지들의 등장은 소설 창작의 다양화를 제공한다. 이광수의 계몽주의에 대항한 김동인은 순수 문학을 들고 나오며, 당대의 사회 현실을 사실적으로 그리려는 사실주의 작가들이 대거 등장한다. 또한 카프의 결성과 더불어 계급주의 문학의 등장이 주류를 이루기도 한다.

*1920년대의 소설은 사회 교화의 목적문학을 극복하고, 문학의 독자성과 당대 사회현실에 깊은 관심을 보인다. 계몽주의에 대한 거부로 서양의 문예 사조상의 사실주의를 조성하고 심리묘사나 성격창조에 관심을 보여 현대소설의 기틀을 다진다.

*1920년대는 동인지나 잡지의 시대로 김동인은 '오로지 문학을 위한 문학이 존재'해야 한다는 소설 자체의 미학 추구를 강조하였고, 염상섭은 '개성의 표현'에 문학의 본질을 주장하여 소설이 지향해야 할 방향을 제시하였다.

*주요 작품으로는 김동인의 「감자」, 염상섭의 「표본실의 청개구리」, 현진건의 「운수 좋은 날」, 전영택의 「화수분」, 나도향의 「벙어리 삼룡이」 등이 있으며, 단편소설의 양식과 그 현대성의 확립, '당대 사회의 객관적 제시' 등으로 리얼리즘 정신과 기법의 경향이 두드러진다.

*현진건의 『운수 좋은 날』은 일제 강점기 도시 하층민의 생활상을 사실적으로 그린 작품이다.

 이 날이야말로 동소문 안에서 인력거꾼 노릇을 하는 김 첨지에게는 오래간만에도 닥친 운수 좋은 날이었다. 문 안에(거기도 문 밖은 아니지만) 들어간답시는 앞집 마나님을 전찻길까지 모셔다 드린 것을 비롯으로, 행여나 손님이 있을까 하고 정류장에서 어정어정하며 내리는 사람 하나하나에게 거의 비는 듯한 눈결을 보내고 있다가, 마침내 교원인 듯한 양복쟁이를 동광학교(東光學校)까지 태워다 주기로 되었다.
 첫 번에 삼십 전, 둘째 번에 오십 전 — 아침 댓바람에 그리 흉치 않는 일이었다. 그야말로 재수가 옴 붙어서, 근 열흘 동안 돈 구경도 못한 김 첨지는 십 전짜리 백동화 서 푼, 또는 다섯 푼이 찰깍하고 손바닥에 떨어질 제 거의 눈물을 흘릴 만큼 기뻤었다. 더구나, 이날 이때에 이 팔십 전이라는 돈이 그에게 얼마나 유용한지 몰랐다. 컬컬한 목에 모주 한 잔도 적실 수 있거니와, 그보다도 앓는 아내에게 설렁탕 한 그릇도 사다 줄 수 있음이다.
현진건 『운수 좋은 날』 중에서

*이 작품은 1920년대 도시 하층 노동자의 비참한 삶을 날카로운 시선으로 생생하게 그린 현진건의 대표작이다. 일제 강점기 인력거꾼 김 첨지의 하루 일과와 그의 심리 변화 상태를 잘 묘사하고 있다. 결국 김 첨지에게 다가오는 '행운'과 '불행'이라는 두 축의 갈등의 대칭을 이루는 구조를 통해 제목과는 달리 아내의 죽음이라는 비통한 결말에 도달한다.

*1924년부터 시작된 신경향파 문학에서 카프(KAPF)의 결성으로 신경향파문학(프로문학)이 나타났다. 세계적으로 일어나고 있던 프로문학이 민족적 경향이나 인생탐구의 경향을 비판하면서 궁핍한 생활을 고발하는 문학이 시작된다.
*최서해는 「탈출기」, 「홍염」, 「기아와 살육」, 「박돌의 죽음」 등의 작품으로 신경향파 소설을 대표하며, 궁핍한 조선농민들의 비참한 실태를 작가의 체험을 토대로 소설로 형상화하였다.

*최서해의 『탈출기』는 서간체 소설로 우리 민족의 비참한 삶의 모습을 그린 '빈궁(貧窮)문학'의 대표적인 작품이다.

젖을 달라고 빽빽 우는 어린아이를 안고 서서 두부 물만 들여다보시던 어머니는 목메인 말씀을 하시면서 우신다. 이렇게 되면 온 집안은 신산(辛酸)하여 말할 수 없는 울음, 비통, 처참, 소조(蕭條)한 분위기에 싸인다.

"너 고생한 게 애닯구나! 팔이 부러지게 갈아서······ 그거(두부)를 팔아서 장을 보려고 태산같이 바랐더니······."

어머니는 그저 가슴을 뜯으면서 우신다. 아내도 울 듯 말 듯 머리를 숙인다. 그 두부를 판대야 큰돈은 못 된다. 기껏 남는대야 이십 전이나 삼십 전이다. 그것으로 우리는 호구(糊口)를 한다. 이십 전이나 삼십 전에 어머니는 운다. 아내도 기운이 준다. 나까지 가슴이 바짝바짝 죈다.

그날은 하는 수 없이 쉰두부 물로 때를 메우고 지낸다. 아이는 젖을 달라고 밤새껏 빽빽거린다. 우리의 살림에 어린애도 귀치는 않았다.

최서해 『탈출기』 중에서

＊최서해의 『탈출기』는 빈궁에 항거하는 반항적인 주제를 강력하게 내세우고 있다. 주인공 자신의 빈궁을 사회 탓으로 돌리는 '신경향파 문학'의 특징을 나타낸다. 또한 1920년대 우리 민족의 비참한 삶의 모습을 작가의 생생한 체험을 바탕으로 한 자전적인 소설로 간도에서의 체험이 여과되지 않은 채 드러내어 감동을 주기도 한다. 특히 전형적

인 신경향파 소설이 살인이나 방화 등으로 결말이 처리되는 경향이 있는데 이 작품은 조직적인 사회운동에 뛰어드는 것으로 보아 긍정적이며 발전된 모습을 보인다고 할 수 있다.

*프로 문학적 성격을 드러내는 작품들로 다양한 문학 논쟁들이 소설에 영향을 주는데, 주요 작품으로는 조명희의「낙동강」, 이기영의「홍수」, 주요섭의「개밥」, 한설야의「과도기」, 김영팔의「검은 손」등이 있다.
*카프 이전의 경향성을 띤 작가로는 주요섭, 채만식 등이 있고, 동반작가로 불리는 유진오, 이효석 등이 있다.
*이들은 카프 이전의 경향성을 띤 작품으로 단지 빈궁에 대한 반항을 보일뿐, 계급의식의 면모나 행동은 보이지 않는다.
*1920년대 중반에 계급의식의 고취와 행동화를 목적으로 일어났던 프로 문학의 '내용과 형식 논쟁'은 결국 박영희의 '얻은 것은 이데올로기요, 잃은 것은 문학이다.'라는 말과 함께 목적문학으로 전락하고 만다.

3. 1930년대 소설

*만주 사변 이후 일제의 수탈과 탄압이 가혹해지고 사상의 통제가 더욱 심해진 시기이다. 이 시기는 모더니즘 경향의 지식인 소설의 등장과 농촌을 배경으로 한 농민소설, 역사로부터 소재를 취한 역사소설, 인간의 존재의식과 본질을 탐구한 소설 등이

나타난다.

*1930년대 소설은 구조적인 변화를 보이는데, 20년대 소설과는 다른 소설기법에서의 심화를 보인다.

*문학의 예술성을 강조하여 구인회(九人會)를 중심으로 순수소설의 추구로 나아가며, 이효석, 이태준, 박태원, 이상, 김유정 등은 소설의 미학 자체에 관심을 둔다.

*순수문학의 경향은 자연과 더불어 사는 인간성의 유형 탐구의 방향으로 나타난다. 특히 이효석은 「메밀꽃 필 무렵」, 「돈(豚)」, 「산」, 「들」, 「분녀」 등에서 세련된 언어와 서정적 분위기를 그리고 있다.

*이효석의 『메밀꽃 필 무렵』은 강원도 산골 마을과 여로를 배경으로 자연의 서정적 아름다움을 풍기는 한국 단편 소설의 백미로 꼽힌다.

조선달 편을 바라는 보았으나 물론 미안해서가 아니라 달빛에 감동하여서였다. 이지러는 졌으나 보름을 갓지난 달은 부드러운 빛을 흐뭇이 흘리고 있다. 대화까지는 팔십 리의 밤길, 고개를 둘이나 넘고 개울을 하나 건너고 벌판과 산길을 걸어야 된다. 길은 지금 긴 산허리에 걸려 있다. 밤중을 지난 무렵인지 죽은 듯이 고요한 속에서 짐승 같은 달의 숨소리가 손에 잡힐 듯이 들리며, 콩포기와 옥수수 잎새가 한층 달에 푸르게 젖었다. 산허리는 온통 메밀밭이어서 피기 시작한 꽃이 소금을 뿌린 듯이 흐뭇한 달빛에 숨이 막힐 지경이다. 붉은 대궁이 향기같이 애잔하고 나귀들의 걸음도 시원하다. 길이 좁은 까닭에 세 사람은 나귀를 타고 외줄로 늘어섰다. 방울 소리가 시원스럽게 딸랑딸랑 메밀밭께로 흘러간다. 앞장 선 허 생원의 이야기 소리는 꽁무니에 선 동이에게는 확적히는 안 들렸으나, 그는 그대로 개운한 제멋에 적적하지는 않았다.
이효석 『메밀꽃 필 무렵』 중에서

*이효석의 『메밀꽃 필 무렵』은 서정적 단편소설로 아름다운 문체를 구사한 것으로 널리 알려져 있다. 특히 달밤의 밤 풍경을 '짐승 같은 달의 숨소리'와 메밀꽃 핀 들판의 모습을 '꽃이 소금을 뿌린 듯'이라는 표현은 묘사의 극치를 이룬다고 할 수 있다. 시적이며 낭만적이고 애상적인 이 작품은 떠돌이 인간의 삶을 통해 혈육의 정과 운명에 대한 애틋함을 형상화한 예술작품이다.

*이태준은 순수소설에의 지향을 확산시켜 간결하면서도 정확한 언어구사와 치밀한 구조, 섬세한 분위기 등을 구사하여 '현대소설의 기법을 완벽하게 체득한 작가'로 평가 받는다. 주요 작품으로는 「달밤」, 「밤길」, 「까마귀」, 「복덕방」, 「영월영감」 등이 있다.

*김동리는 시대의 변화와 사회현실에 적응하지 못하는 인간에 대한 연민과 패배와 소멸의 미학을 드러낸다. 주요 작품으로는 「화랑의 후예」, 「산화」, 「무녀도」, 「황토기」 등

이 있다.

*김유정은 식민지 치하 농촌의 궁핍상을 토속적이고 해학적으로 그려 당시의 농촌 현실의 비참함을 부각시키고 있다. 주요 작품으로는 「소낙비」, 「봄봄」, 「동백꽃」, 「만무방」, 「땡볕」 등이 있다.

*김유정의 『동백꽃』은 향토적인 농촌을 배경으로 소박하면서도 건강한 농촌 소년과 소녀의 애정을 해학적으로 그려내고 있다.

  오늘도 또 우리 수탉이 막 쪼이었다. 내가 점심을 먹고 나무를 하러 갈 양으로 나올 때이었다. 산으로 올라서려니까 등 뒤에서 푸드덕, 푸드덕 하고 닭의 횃소리가 야단이다. 깜짝 놀라며 고개를 돌려 보니 아니나다르랴. 두 놈이 또 얼리었다.
  점순네 수탉(은 대강이가 크고 똑 오소리같이 실팍하게 생긴 놈)이 덩저리 작은 우리 수탉을 함부로 해내는 것이다. 그것도 그냥 해내는 것이 아니라 푸드덕하고 면두를 쪼고 물러섰다가 좀 사이를 두고 또 푸드덕하고 모가지를 쪼았다. 이렇게 멋을 부려 가며 여지없이 닭아 놓는다. 그러면 이 못생긴 것은 쪼일 적마다 주둥이로 땅을 받으며 그 비명이 킥, 킥 할 뿐이다. 물론 미처 아물지도 않은 면두를 또 쪼이어 붉은 선혈이 뚝뚝 떨어진다.

이걸 가만히 내려다보자니 내 대강이가 터져서 피가 흐르는 것 같이 두 눈에서 불이 번쩍난다. 대뜸 지게 막대기를 메고 달려들어 점순네 닭을 후려칠까 하다가 생각을 고쳐먹고 헛매질로 떼어만 놓았다.
　이번에도 점순이가 쌈을 붙여 났을 것이다. 바짝바짝 내 기를 올리느라고 그랬음에 틀림없을 것이다. 고놈의 계집애가 요새로 들어서서 왜 나를 못 먹겠다고 고렇게 아르릉거리는지 모른다.

김유정 『동백꽃』 중에서

＊김유정의 『동백꽃』은 1930년대 농촌을 배경으로 토속적인 정취가 풍기는 문체와 해학적인 어조로 순박한 농촌 젊은이들의 소박하면서도 적극적인 사랑을 다루고 있는 작품이다. 이들 간의 갈등은 사랑에 눈뜨기 시작한 '점순'이의 애정 공세를 어리숙한 성격의 '나'를 대비적으로 설정하여 해학적인 싸움을 벌인다. 이 작품에서 '점순'이와 '나'의 갈등은 주로 닭싸움으로 나타난다. '닭싸움'은 서로 간의 갈등을 대신해서 나타내는데 이는 결국 둘 사이의 매개물이면서 동시에 갈등의 해소가 되는 것으로 작용한다.

＊채만식은 식민지 사회의 축도로 당대 지식인의 소외와 좌절로 인한 당대 사회의 모순을 비판하며, 작품 기법으로는 대상에 대한 통렬한 풍자적 수법을 즐겼다. 주요 작품으로는 「레디메이드 인생」, 「치숙」, 「탁류」, 「태평천하」 등이 있다.

*박태원은 1930년대 대표적인 모더니스트 작가로 새로운 소설적 기법을 시도하고, 인물의 내면 의식 묘사를 중시하는 실험정신을 보여주었다. 주요 작품으로는 「소설가 구보 씨의 일일」, 「천변풍경」 등이 있다.

*이상은 식민지 상황에서 인간의 존재의미를 탐색한다. 소설에서 인간의 내면세계를 탐색하여, 자동기술법, 몽타주 기법, 의식의 흐름이나 심리주의 소설기법으로 인간 존재에 대한 인식의 변화를 드러낸다. 주요 작품으로는 「날개」, 「봉별기」, 「지주회시」 등이 있다.

*염상섭은 1930년대 우리 소설의 장편화 현상을 기반으로 식민지 상황을 『삼대』라는 작품을 통해 당대 지식인들의 현실에 대한 인식과 대응 방식을 수준 높게 묘사하여 사실주의 계열의 장편 소설을 썼다.

*염상섭의 『삼대』는 일제 강점기 서울 중산층 일가의 세대 간의 갈등과 당대 지식인들의 현실에 대한 인식과 대응 방식을 나타낸 사실주의 계열의 장편 소설이다.

"공부가 중하냐? 집안 일이 중하냐? 그것도 네가 없어도 상관없는 일이면 모르겠지마는, 나만 눈 감으면 이 집 속이 어떻게 될지 너도 아무리 어린애다만 생각해 봐라. 졸업이고 무엇이고 다 단념하고, 그 열쇠를 맡아야 한다. 그 열쇠 하나에 네 평생의 운명이 달렸고, 이 집안 가운이 달렸다. 너는 그 열쇠를 붙들고 사당을 지켜야 한다. 네게 맡기고 가는 것은 사당과 그 열쇠—두 가지뿐이다. 그 외에는 유언이고 뭐고 다 쓸데없다. 이때까지 공부를 시킨 것도 그 두 가지를 잘 모시고 지키게 하자는 것이니까, 그 두 가지를 버리고도 공부를 한다면 그것은 송장 내놓고 장사 지내는 것이다. 또, 공부도 그만큼 했으면 지금 세상에 행세도 넉넉히 할 게 아니냐?

조부는 이만큼 이야기하기에도 기운이 푹 빠졌다. 이마에는 허한이 쭉 솟고, 숨이 차서 가슴을 헤치려고 한다.

염상섭 『삼대』 중에서

*염상섭의 『삼대』는 일제 강점기 금전 및 가치관의 차이로 세대 간의 갈등 양상을 보여주는 장편소설이다. 작가는 사실주의적 방법으로 한국의 현실을 수준 높게 묘사하였으며, 도시화와 근대화로 인한 전통적 인간관계의 파국을 여실히 보여준다. 3대에 걸친 가계 중심의 갈등은 결국 유교적인 사회 이념과 가정 공동체가 붕괴되며, 근대적 사회질서에 의해 인간관계가 재편되는 당대의 현실을 반영하고 있다.

*농촌의 현실을 제재로 한 농민 소설의 확산이 일어났는데, 지식인들이 농촌을 계몽하는 내용의 소설로는 이광수의 『흙』, 심훈의 『상록수』 등이 있고, 농촌 사회의 궁핍한

실상을 사실적으로 다루는 농민소설이 뒤를 이었다. 주요 작품으로는 이무영의 「제1과 제1장」, 박영준의 「모범경작생」, 김정한의 「사하촌」 등이 있다.

*일제의 검열을 피하기 위해 역사에서 소재를 택하여 민족의식을 고취시키려는 시도로 역사 소설이 유행하였다. 주요 작품으로는 이광수의 「이순신」, 김동인의 「운현궁의 봄」, 박종화의 「금삼의 피」 등이 있다.

*한국근대소설은 1930년대에 들어서 소설의 구조적인 변화를 드러내면서 소설 기법의 심화와 성숙을 보인다. 근대소설로서의 다양한 기법은 실험적인 현대소설로의 발전을 가져오게 된다.

제12-1강

한국의 소설-4

1. 1940년대 소설

*1940년을 전후한 이 시기는 우리 소설의 암흑기를 맞게 된다.『조선일보』와『동아일보』폐간을 비롯해 순문예지『문장』과『인문평론』폐간 등의 일제의 탄압으로 작품의 발표가 봉쇄되고 작가의 창작 활동이 위축된다.

*8·15광복 이후 좌우익의 대립으로 문학 단체의 첨예한 대립과 논쟁이 일어난다. 문학 단체의 갈등은 '조선문학가동맹'과 '청년문학가협회'를 중심으로 논쟁이 야기된다.

*해방을 계기로 고향을 등지고 유랑하던 사람들의 귀환의 문제가 소설로 다루어지는데 현실적으로는 심각한 사회문제로 제기된다.

*주요 작품으로 김동리의「혈거부족」은 만주에서 해방된 고국

으로 돌아오지만 혈거부족처럼 살아갈 수밖에 없는 전재민의 애환과 피폐한 삶을 사실적으로 그려내고 있다. 정비석의 「귀향」은 농토를 빼앗기고 만주로 이민 갔던 농민의 귀국 감격을, 엄흥섭의 「귀환일지」는 식민지 시대 징용으로 끌려간 노무자들과 징병당한 젊은이, 정신대로 끌려갔던 여인들이 조국으로 귀환하기까지의 애환을, 허준의 「잔등」은 귀향민의 향수와 귀소본능을, 계용묵의 「별을 헨다」는 해방과 함께 부친의 유골을 안고 귀국하지만, 남북 분단으로 고향에 돌아가지 못하는 난민 체험을 다루고 있다.

*이 시기의 소설적 경향은 일제 강점기에 대한 사회적인 평가를 시도한 작품이 나왔으나, 정치적 격변으로 주로 친일에 대한 반성의 형태를 띠는 것이 주류를 이루었다.
*주요 작품으로는 채만식의 「논 이야기」로 광복 직후의 농지 정책과 우직한 농민의 기대감을 풍자적으로 나타낸다. 또한 이태준의 「해방 전후」는 양심적인 문인의 정세 변화에 대한 인식을 다루고 있다. 이 계열의 작품으로는 염상섭의 「양과자갑」을 들 수 있는데, 해방 직후 부정적으로 축재하는 모습과 영어가 악용되는 현실을 비판적으로 제시하고 있다.

*채만식의 『논 이야기』는 광복 직후의 농지 정책과 우직한 농민의 기대감을 풍자한 작품이다.

일인들이 토지와 그밖에 온갖 재산을 죄다 그대로 내어 놓고 보따리 하나에 몸만 쫓기어가게 되었다는 이야기를 듣는 한 생원은 어깨가 우쭐하였다.
 "거 보슈 송 생원, 인전들, 내 생각 나시지?"
 한 생원은 허연 탑삭부리에 묻힌 쪼글쪼글한 얼굴이 위아래 다섯 대밖에 안 남은 누런 이빨과 함께 흐물흐물 웃는다.
 "그러면 그렇지, 글쎄 놈들이 제아무리 영악하기로소니 논에다 네 귀탱이 말뚝 박구섬 인도깨비처럼, 어여차 어여차, 땅을 떠 가지구 갈 재주야 있을 이치가 있나요?"
 한 생원은 참으로 일본이 항복을 하였고, 조선은 독립이 되었다는 그날—팔월 십오일 적보다도 신이 나는 소식이었다. 자기가 한 말(豫言)이 꿈결같이도 이렇게 와 들어맞다니…… 그리고 자기가 한 말대로, 자기가 일인에게 팔아넘긴 땅이 꿈결같이도 도로 자기의 것이 되게 되었다니…… 이런 세상에 신기하고 희한할 도리라고는 없었다.
 조선이 독립이 되었다는 팔월 십오일, 그 때는 한 생원은 섬뻑 만세를 부르고 싶은 생각이 나지 않았어도, 이번에는 저절로 만세 소리가 나와지려고 하였다.
　　　　　　　　　　　　채만식 『논 이야기』 중에서

 *채만식의 『논 이야기』는 광복 후 일본인 소유의 재산을 유상 분배함으로써 일제 강점기에 땅을 잃었던 농민들이 자신의 토지를 되찾지 못하는 시대 상황을 그리고 있다. 또한 시대를 올바른 시각으로 바라보지 못하는 한 생원은

자신의 허황된 이익이 채워지지 않는다고 나라의 독립마저 부정해 버리는 인물을 풍자함으로써 해방 후의 사회적 분위기와 국민들이 지녀야할 바람직한 태도를 제시하고 있다.

*당대의 시대적 특수성과 관계없이 문학의 보편성을 추구한 작품들로 인간의 숙명적 운명과 욕망을 소재로 다루어 순수 문학적 지향을 나타낸다.

*주요 작품 중 김동리의 「역마」는 한 인간의 피할 수 없는 사랑이 운명에 순응함으로써, 인간 구원에 도달할 수 있다는 한민족의 토속적인 삶과 숙명론적인 관점을 보여준다. 또한 염상섭의 「두 파산」은 두 친구를 통해 해방 직후 물질 만능의 세태를 객관적이고 사실적인 시각으로 그려내고 있다.

*광복 후 노동자와 농민의 관점에서 해방공간을 바라보는 작품으로는 안회남의 「농민의 비애」, 이근영의 「고구마」, 이태준의 「농토」, 이동규의 「오빠와 애인」 등이 있다.

2. 1950년대 소설

*한국의 6·25는 동족상잔의 비극적인 전쟁으로 민족의 삶을 황폐화시켰다. 그러나 전쟁의 결과로 문학에 수용되는 의식의 변모와 기법의 새로운 변화는 우리 문학을 한층 성숙하게 하는 결과를 낳기도 하였다. 전쟁으로 인한 비극적인 체험은 삶의 허무와 한계 상황을 문학에 반영하였고, 이는

제12-1강

서구의 실존주의와 관련하여 전후 소설을 형성하였다.

*50년대는 전쟁을 토대로 전쟁의 비극을 고발하는 문학, 전쟁의 상처를 어루만져 인간성 회복이라는 의지를 보여 주는 문학, 전후의 비참한 상황을 그대로 보여주는 작품들이 등장한다.

*전쟁이라는 극한 상황에서 인간의 실존에 대한 체험을 바탕으로 한 작품들이 등장하였다. 이는 서구의 실존주의 문학을 수용하면서 인간의 본질과 실존의 탐구 등을 다룬 작품들이 발표되었다.

*장용학의 「요한 시집」은 전후소설에서 실존주의적 색채를 의식과 기법 면에서 잘 드러내는데, 토끼의 우화를 토대로 전쟁의 부정적인 측면을 파헤치면서 자유를 갈망하는 실존주의의 영향을 가장 심도 있게 반영하고 있다.

*전쟁의 부정적 체험을 인간성의 회복이나 삶의 의지를 강렬하게 긍정적으로 제시한 소설도 있다.

*황순원의 「학」은 대립된 이데올로기로 갈등을 겪다가 우정을 통해 화해하고, 하근찬의 「수난이대」에서는 전쟁으로 불구가 된 부자가 시련을 극복하려는 노력을 보여 새로운 삶에 대한 긍정적인 전망을 제시하고 있다.

*황순원의 『학』은 한국 전쟁을 배경으로 두 친구의 갈등과 화해를 다룬 작품이다.

"얘, 우리 학 사냥이나 한번 하구 가자."
성삼이가 불쑥 이런 말을 했다.

덕재는 무슨 영문인지 몰라 어리둥절해 있는데,
"내 이걸루 올가밀 만들어 놀께, 너 학을 몰아 오너라."
포승줄을 풀어 쥐더니, 어느 새 성삼이는 잡풀 새로 기는 걸음을 쳤다. 대번 덕재의 얼굴에서 핏기가 걷혔다. 좀 전에, 너는 총살감이라던 말이 퍼뜩 머리를 스치고 지나갔다. 이제 성삼이가 기어가는 쪽 어디서 총알이 날아오리라.
저만치서 성삼이가 홱 고개를 돌렸다.
"어이, 왜 멍추같이 게 섰는 거야? 어서 학이나 몰아 오너라."
그제서야 덕재도 무엇을 깨달은 듯, 잡풀 새를 기기 시작했다.
때마침 단정학 두세 마리가 높푸른 가을 하늘에 큰 날개를 펴고 유유히 날고 있었다.

황순원 『학』 중에서

*황순원의 『학』은 우리 민족사에서 비극적인 한국 전쟁으로 두 친구의 이념과 체제가 빚은 갈등을 순수한 우정으로 극복해 가는 과정을 다루고 있다. 이 작품은 두 친구의 적대적 관계에서 '학'이라는 어린 시절에 대한 회상으로 우정을 회복하고 이데올로기를 극복하여 자유와 인간성을 회복하게 되는 모습을 그려내고 있다.

∗전후의 폐허와 절망을 암담하고 우울한 분위기로 부정적 측면에서 그리기도하고, 전쟁이 끝난 후의 혼란스러운 사회 현실에 대한 묘사로 새로운 인간상을 보여주기도 한다.
∗손창섭은「비오는 날」에서 전쟁으로 일상적인 삶의 전망을 상실한 사람들의 암담한 현실을 묘사하고, 이범선의「오발탄」에서는 성실한 가장의 파멸을 통해 당시 사회의 부조리한 현실을 고발하고 있다.

∗6·25는 이데올로기의 횡포에 맞서 생존을 위한 투쟁에 깊은 관심을 드러낸다. 특히 월남 작가들에게서 두드러지는데, 인간을 계급화, 이념화시켜 인간다운 삶을 피폐화하는 사회체제의 허구성을 집요하게 파헤치기도 한다.
∗선우휘의「불꽃」,「테러리스트」,「깃발 없는 기수」등은 투철한 반공의식을 드러낸다.

∗당대 현실에 대한 날카로운 해부와 비판을 통해 사실주의 문학의 전통을 계승하려는 의지를 보이는 작품들도 있다.
∗송병수의「쑈리·킴」은 전후의 사회적 혼란과 부도덕성 그리고 전쟁이 남긴 상처와 전쟁의 피해자들의 아픔을 다루고 있으며, 서기원의「암사지도」는 전후 방황하는 젊은이들을 통해 도덕적 논리와 삶의 논리가 어긋난 극심한 갈등을 다루고 있다.

∗해방 후 남한에서의 정치적 혼란과 횡행하던 테러 행위를 다룬 오상원의「모반」과 전쟁이라는 극한 상황에서 인간의 행동과 의미를 의식의 흐름과 극적 방법으로 나타내고 있는「유예」, 그

리고 두 형제가 겪게 되는 전쟁 속에서의 인간적인 의미를 기록한「백지의 기록」등이 있다.

　＊전후소설은 전통적인 리얼리즘의 부정과 전후의식의 새로운 소설기법을 수용하여 인간에 대한 탐구로 집약된다. 실존주의에 의한 인간의 존재 탐구와 인간관계에 투영된 전쟁의 의미 등을 탁월한 소설기법으로 전후소설의 지평을 열어 주었다.

3. 1960년대의 소설

　＊이 시기는 4·19혁명을 통한 민주화에 대한 열망이 5·16군사 쿠테타로 인해 좌절된다. 이후 근대화의 추진은 개발 독재로 진행되면서 인구의 도시 집중과 인간 소외 현상, 농촌 공동체의 붕괴와 민주화에 대한 사회적 인식 등을 소설로 형상화하였다.
　＊4·19혁명의 실패로 인한 지식인의 좌절과 관련된 작품들이 세련된 감수성을 바탕으로 나타난다.
　＊주요 작품으로는 김승옥의『무진기행』과『서울, 1964년 겨울』등에서 이상을 잃어버리고 자폐에 빠진 젊은이들의 삶을 통해 당대 지식인들의 심리를 보여준다. 또한 이청준의『병신과 머저리』는 전쟁의 상처를 안고 사는 전후 세대의 고통과 전쟁을 겪지 못하고 관념적 좌절에 빠진 4·19세대에 대해 전쟁 체험 세대의 깨우침을 다루고 있는 전후 소설의 완성작이다.
　＊1960년대는 전후 소설을 넘어서 분단 문제에 대한 성찰을 토

대로 한 작품이 등장하기 시작한다.
　*주요 작품으로 최인훈의『광장』은 이념적 갈등으로 인한 남북 대립의 과정과 본질에 직면하여 고뇌하는 지식인의 모습을 그려 닫힌 공간으로서의 '밀실'에 대한 인식과 더불어 열린 공간으로서의 '광장'의 갈망을 상세하게 형상화하고 있다.

　*최인훈의『광장』은 해방 직후 남북 분단의 상황에서 방황하는 지식인의 모습을 그린 장편 소설이다.

> 　그는 지금, 부채의 사북자리에 서 있다. 삶의 광장은 좁아지다 못해 끝내 그의 두 발바닥이 차지하는 넓이가 되고 말았다. 자 이제는? 모르는 나라, 아무도 자기를 알 리 없는 먼 나라로 가서, 전혀 새 사람이 되기 위해 이 배를 탔다. 사람은, 모르는 사람들 사이에서는, 자기 성격까지도 마음대로 골라잡을 수도 있다고 믿는다. 성격을 골라잡다니! 모든 일이 잘 될 터이었다. 다만 한 가지만 없었다면. 그는 두 마리 새들을 방금까지 알아보지 못한 것이었다. 무덤 속에서 몸을 푼 한 여자의 용기를, 방금 태어난 아기를 한 팔로 보듬고 다른 팔로 무덤을 깨뜨리고 하늘 높이 치솟는 여자를, 그리고 마침내 그를 찾아 내고야만 그들의 사랑을.
> 　　　　　　　　　　　　　최인훈『광장』중에서

　*최인훈의『광장』은 분단의 과정과 비극 속에서 이데올

로기의 문제를 인간의 근원적 삶의 문제와 결부시켜 철학적 해명을 시도한 장편소설이다. 더욱이 분단과 더불어 이념의 갈등 문제를 다루는 것이 허용되지 않았던 1960년대의 상황에서, 이 작품으로 인해 남과 북에 객관적인 반성을 일으키는 계기가 되었다. 또한 작가는 남과 북, 선택의 갈림길에 서있는 인간상을 제시해 남과 북을 비판적인 시각으로 다룬 최초의 작품으로 기념비적인 의미를 갖는다.

　*1960년대는 전쟁과 정치적 소용돌이를 통해 사회에 대한 시민 의식이 높아지면서 현실 참여주의적인 비판적 작품이 많이 발표되었다.
　*주요 작품으로 김정한의 「모래톱 이야기」는 토속적인 배경과 인물 설정을 통해 농민들의 저항의식을 드러내어 '60년대 농촌의 부조리한 현실을 고발하고 있다. 전광용의 「꺼삐딴 리」는 한 유능한 의사의 기회주의적 삶과 변신을 심리주의적, 사실적 기법으로 묘사하여 부정적 인물에 대한 풍자를 드러낸다. 하근찬의 「왕릉과 주둔군」에서는 전쟁이 남긴 상처와 전통적 가치관의 붕괴를 상징적으로 보여 당시 사회의 모순과 부조리를 드러낸다.

　*문학의 예술성 형상화나 서정성을 추구하는 경향을 보인 작품들이 등장하여, 인간의 삶과 인간 존재의 본질적인 문제를 묘사하고 있다.
　*주요 작품으로 김동리의 「등신불」은 인간의 삶과 죽음을 종교적 승화를 보여준다. 박경리의 『시장과 전장』은 6·25를 주제로 하여 전장은 죽음과 부정을, 시장은 삶과 긍정을 상징

적으로 형상화하여 1960년대 작품으로는 드물게 객관적이며 진보적인 평가를 받는 작품이다.

*분단 문제를 심도 있게 다룬 작품 중에는 이호철의 『판문점』과 안수길의 『북간도』를 들 수 있다.

4. 1970년대의 소설

*1970년대는 급속한 도시화와 산업화로 인해 제기되는 여러 가지 사회문제들, 특히 도시 하층민들과 노동자들의 삶을 묘사하고 사회적 관심을 불러일으키는 작품들이 나타났다.
*주요 작품으로 황석영의 『객지』는 산업화 시대 노동자들의 현실을 사실적으로 묘사하고 있으며, 조세희의 『난쟁이가 쏘아 올린 작은 공』은 산업화 시대의 민중의 삶을 형상화한 '70년대의 대표작으로 노동자와 도시빈민의 삶의 저항과 의지를 상징적이고 우화적인 독특한 기법으로 형상화하였다. 윤흥길의 『아홉 켤레의 구두로 남은 사내』는 산업화 과정에서 소외된 계층의 삶을 연민의 정으로 그려낸 중편소설이다.

*조세희의 『난쟁이가 쏘아 올린 작은 공』은 1970년대 산업화 과정에서 소외된 자들의 좌절된 삶을 다루고 있다.

　　　나는 바깥 게시판에 적혀 있는 공고문을 읽었다. 거

기에는 아파트 입주 절차와 아파트 입주를 포기할 경우 탈 수 있는 이주 보조금 액수 등이 적혀 있었다. 동사무소 주위는 시장 바닥과 같았다. 주민들과 아파트 거간꾼들이 한데 뒤엉켜 이리 몰리고 저리 몰리고 했다. 나는 거기서 아버지와 두 동생을 만났다. 아버지는 도장포 앞에 앉아 있었다. 영호는 내가 방금 물러선 게시판 앞으로 갔다. 영희는 골목 입구에 세워 놓은 검정색 승용차 옆에 서 있었다. 아침 일찍 일들을 찾아 나섰다가 철거 계고장이 나왔다는 소리를 듣고 돌아온 것이었다. 누군들 이런 날 일을 할 수 있을까. 나는 아버지 옆으로 가 아버지의 공구들이 들어 있는 부대를 들어 메었다. 영호가 다가오더니 나의 어깨에서 그 부대를 내려 옮겨 메었다. 나는 아주 자연스럽게 그것을 넘겨주면서 이쪽으로 걸어오는 영희를 보았다. 영희의 얼굴은 발갛게 상기되어 있었다.

조세희 『난쟁이가 쏘아 올린 작은 공』 중에서

*조세희의 『난쟁이가 쏘아 올린 작은 공』은 산업화의 과정에서 빚어진 소외 계층과 공장 근로자들의 열악한 삶의 과정을 보여주고 있는 12편으로 이루어진 연작 소설 중 네 번째 작품이다. 특히 이 작품에서는 가난한 난쟁이 가족의 삶을 바탕으로 그들이 산업화 사회의 풍파를 어떻게 겪으며 그러한 현실에 맞서 저항하는 과정을 상징적이고 우화적인 측면에서 다루고 있다. 1970년대 산업화 사회의 핵심문제였던 소외계층과 노동 현실을 문학적으로 형상화

하여 커다란 반향을 일으켰다.

　*분단 문제와 현대사에 대한 관심을 보인 작품으로 김원일의 『노을』, 윤흥길의 『장마』, 전상국의 『아베의 가족』, 황석영의 『한씨연대기』, 현기영의 『순이 삼촌』 등이 있다.

　*이 시기에 대하 역사장편소설이 창작되기 시작하는데, 박경리의 『토지』, 김주영의 『객주』 등은 주목의 대상이 되기도 한다.

　*당시 새로운 시각으로 남녀 간의 사랑을 다룬 최인호의 『별들의 고향』, 조해일의 『겨울여자』, 조선작의 『영자의 전성시대』 등은 대중들의 사랑과 인기를 얻으면서 '상업주의 소설논쟁'으로 비판의 목소리가 제기되기도 하였다.

5. 1980년대의 소설

　*1980년대는 광주민주화운동을 시작으로 민주화의 욕구가 분출되면서 군사 독재 정권이 민간 정부로 교체된 시기이다. 따라서 노동자들의 사회적 욕구가 표면화되었으며, 민중의 시각과 분단 문제에 대한 관심을 보여주는 대하소설이 등장하였다.

　*민주화 운동과 관련된 작품으로는 윤정모의 『밤길』, 임철우의 『동행』, 홍희담의 『깃발』 등이 있으며, 노동자들의 투쟁을 다룬 작품으로는 방현석의 『새벽출정』, 정화진의 『쇳물처럼』, 안재성의 『파업』, 김한수의 『성장』 등이 있다.

문학개론강좌

*한국 사회의 특징인 자본주의의 발달과 그로 인한 사회 현실을 반영하는 소시민의 삶을 담은 작품들이 창작되었다.

*주요 작품으로 양귀자의 「한계령」은 산업화 시대의 소시민의 삶에 위로와 소박한 꿈에 대한 그리움을 나타내고 있다. 또한 『원미동 사람들』은 연작소설로 1980년대 소시민들의 고단한 일상을 통해 인간 소외 현상을 드러내는 가운데, 사랑과 희망을 착한 사람들을 통해 감동적으로 형상화하고 있다.

*양귀자의 『한계령』은 1980년대 산업화 시대 소시민들의 삶에 대한 위로와 소박한 꿈에 대한 그리움을 형상화한 단편소설이다.

그러나 정작 큰오빠 스스로가 자신이 그려 놓은 신화에 발이 묶이고 말았다. 공장에서 돈을 찍어 내서라도 동생들을 책임져야했던 시절에는 우리들이 그의 목표였다. 새로운 사업을 시작할 때마다 실패할 수 없도록 이를 악물게 했던 힘은 그가 거느린 대가족의 생계였다. 하지만 지금은 동생들이 모두 자립을 하였다. 돈도 벌을 만큼 벌었다. 한때 그가 그렇게 했듯이 동생들 또한 젊고 탱탱한 활력으로 사회 속으로 뛰어가고 있었다. 저들이 두 발로 달릴 수 있게 된 것은 누구 때문인가, 라고 묻고 싶지 않지만 노쇠해 가는 삶의 깊은 구멍은 큰오빠를 무너지게 하였다. 몇 년 전의 대수술로 겨우 목숨을 건진 이후부터는 눈에 띄게 큰오빠의 삶이 흔들거렸었다. 이것도 해선 안 되고 저

것도 위험하며 이러저러한 일은 금하여라. 는 생명의 금칙이 큰오빠를 옥죄었다. 열심히 뛰어 도달해 보니 기다리는 것은 허망뿐이더라는 그의 잦은 한탄을 전해 들을 때마다 나는 큰오빠가 잃은 것이 무엇인가를 생각해 보지 않을 수 없었다.

양귀자 『한계령』 중에서

*양귀자의 『한계령』은 주인공이 산업화 시대에 겪어야 했던 고난을 떠올리며 옛 추억을 통해 위로받고 싶은 심정을 토로하고 있다. 작품에서 주인공은 '한계령'의 내용 중, "저 산은 내게 우지마라, 우지마라 하고 발아래 젖은 계곡 첩첩산중……." 그리고 "저 산은 내게 내려가라, 내려가라 하네. 지친 내 어깨를 떠미네……."라고 하는 가사에서 젊음을 바쳐 가족들을 부양해야 했고 지금은 자신의 삶을 허탈한 심정으로 돌아보는 큰오빠의 모습을 떠올리고 안타까워하며, 또한 동시대의 모든 사람들을 위한 연민의 노래로 받아들인다.

*한국 사회가 안정된 이 시기에는 과거 남북 분단과 독재로 점철된 과거에 대한 정리와 성찰의 성격을 다룬 작품들이 창작되었다.

*주요 작품으로 이문열의 『우리들의 일그러진 영웅』은 독재 정권에 대한 권력의 속성과 무기력한 대중들의 모습을 우화의 기법으로 나타내고 있다. 또한 김원일의 『겨울 골짜기』는 전쟁과 남북 분단으로 인한 전쟁의 아픈 상처를 드러내어 피해자들

이 타인에 대한 이해를 통해 그 상처를 치유하려는 노력이 담겨 있다.

*민주화의 흐름에 따라 과거와 현재의 역사를 민중적 관점으로 형상화한 장편소설이 창작되었다.

*주요 작품으로 이문열의 『영웅시대』는 작가의 자전적 가족사에 기초하여 좌우익 갈등의 문제를 형상화한 것으로 작가의 역사의식과 정치의식이 투영된 작품으로 평가된다. 조정래의 『태백산맥』은 한국 현대사의 민감한 사건들을 다루었다. 황석영의 『장길산』은 민중들의 삶과 신분 해방 운동을 활기차게 그렸다.

*새로운 기법으로 실험적인 창작의 길에 들어서는 작품들로 이인성의 『낯선 시간 속으로』와 최수철의 『화두, 기록, 화석』으로 소통의 언어를 추구하는 새롭고 다양한 형식으로 실험을 시도하고 있다.

제12-2강

수필(隨筆)

1. 수필의 개념

*수필은 '붓 가는 대로' 쓰는 글로 일정한 형식을 따르지 않고 느낌이나 체험을 생각나는 대로 쓴 산문 형식의 글을 일컫는다.

*수필은 일정한 문학 형태도 없으며, 내용 또한 특별한 제약 없이 자유롭게 쓸 수 있는 유동적인 양식을 취한다.

    수필은 글자 그대로 붓 가는 대로 써지는 글일 것이다. 그러므로 다른 문학보다 더 개성적이며, 심경적이며, 경험적이다. 우리는 오늘까지의 위대한 수필문학이 그 어느 것이 비록 객관적인 사실들을 취급한 것이라 하더라도 심경에 부딪치지 않은 것을 보지 못했다. 강역히 짜아내는 심경적이 아니라 자연히 유로되는 심경적인 점에 그 특징이 있다. 이 점에서 수필은 시에 가깝다. 그러나 시 그것은 아니다.

김광섭「수필문학소고」중에서

*수필이란 용어가 처음 나타난 것은 12세기 중국의 남송의 홍매(洪邁)가 쓴 『용재수필(容齋隨筆)』로 '나는 늙어서 게으르고 독서도 많이 하지 못하여 생각나는 대로 기록하고, 기록한 순서에 따랐을 뿐 차례는 없다. 그래서 수필(隨筆)이라고 하였다.'라고 말하여 '무형식의 형식'이 수필임을 강조하고 있다.

*우리나라의 경우 박지원의 「열하일기(熱河日記)」에 들어있는 「일신수필(馹迅隨筆)」의 항목에 '수필'이라는 용어가 보이나, 한편으로 안정복(安鼎福)의 「상헌수필(橡軒隨筆)」을 최초로 보기도 한다.

*수필의 기원에 대해서는 여러 가지 설이 있다.
*서구에서 Essay는 몽테뉴의 『수상록』에서 처음 쓰였기 때문에 원조로 보는 것이지 내용이나 형식면에서 그 기원은 플라톤의 『대화편』이라고 한다.
*수필과 서구의 Essay는 유사하지만, 서구의 Essay는 경(硬)문학적이고 우리의 수필은 연(軟)문학적 요소가 강하다.

*영국에서 수필의 원조는 베이컨의 『수상록』을 꼽으며, 18세기 초에 차알스 램, 윌리엄 해즐릿 등이 유명하다.

제12-1강

＊우리나라에서는 김만중의 『서포만필(西浦漫筆)』, 유형원의 『반계수록(磻溪隨錄)』, 고려 때 이인로의 『파한집(破閑集)』, 최자의 『보한집(補閑集)』, 이규보의 『백운소설(白雲小說)』, 이제현의 『역옹패설(櫟翁稗說)』 등이 있다.

＊고려 때의 정치가이며 문장가인 이제현은 『역옹패설(櫟翁稗說)』에서 다음과 같이 언급하고 있다.

    지정 임오년 여름비가 달포 동안 계속 왔다. 문을 닫고 들어 앉았으니 찾아오는 사람도 없어서 답답함을 이길 수 없었다.
    처마의 낙수를 받아 벼룻물을 삼고, 벗들 사이에 왕복한 편지 조각들을 이어 붙인 다음 기록할 것을 닥치는 대로 그 종이의 배면에 적고, 그 끝에 제목을 붙여 『역옹패설』이라고 한다.
    내가 어려서는 독서할 줄 알았으나 장성하여서는 폐지하였으며, 지금 늙어서는 도리어 체계 없는 잡문을 즐겨 써 놓았으나 실이 없어서 피(稗)와 같이 천(卑)하다. 그런 까닭에 그 기록한 것을 이름하여 패설(稗說)이라고 한다.

＊조선 후기 규중 부인이 쓴 것으로 추정되는 수필이 있다.

    이른바 규중 칠우(閨中七友)는 부인내 방 가운데 일곱 벗이니 글하는 선배는 필묵(筆墨)과 조희 벼루로 문방사우(文房四友)를 삼았나니 규중 녀잰들 홀로 어찌 벗이 없으리오.

이러므로 침선(針線) 돕는 유를 각각 명호를 정하여 벗을 삼을새, 바늘로 세요각시(細腰閣氏)라 하고, 척을 척부인(戚夫人)이라 하고, 가위로 교두각시(交頭閣氏)라 하고 인도로 인화부인(引火夫人)이라 하고, 달우리로 울 랑자(慰娘子)라 하고, 실로 청홍흑백 각시(靑紅黑白閣氏)라 하며, 골모로 감토 할미라 하여, 칠우를 삼아 규중 부인내 아츰소세를 마치매 칠위 일제히 모혀 종시 하기를 한가지로 의논하여 각각 소임을 일워 내는지라.

일일(一日)은 칠위 모혀 침선의 공을 의논하더니 척부인이 긴 허리를 자히며 이르되,
"제우(諸友)는 들으라, 나는 세명지 굵은 명지 백저포(白苧布)와, 청홍록라(靑紅綠羅) 자라(紫羅) 홍단(紅緞)을 다내여 펼쳐 놓고 남녀의(男女衣)를 마련할새, 장단 광협(長短廣狹)이며 수품 제도(手品制度)를 나 곧 아니면 어찌 일으리오. 이러므로 의지공(衣之功)이 내 으뜸되리라."
　　　　　　　작자 미상「규중 칠우 쟁론기」중에서

*「규중 칠우 쟁론기」는 한글 수필로 척 부인(자), 교두 각시(가위), 세요 각시(바늘), 청홍흑백 각시(실), 인화 부인(인두),

울 낭자(다리미), 감토 할미(골무)로 의인화된 바느질 도구를 규중 여자의 일곱 벗으로 등장시켜 인간 세상의 세태를 풍자하고 있다.

　가전체의 전통과 함께 섬세한 표현으로 고전 수필의 묘미를 보여준다.

　＊우리나라 최초의 수필은 유길준의 『서유견문(西遊見聞)』과 최남선의 『백두산 근참기(白頭山覲參記)』, 이광수의 『금강산유기(金剛山遊記)』 등으로 기행문으로의 수필이 있다.

2. 수필의 특성

　＊수필은 형식이 없는 글, 즉 '수필지기(隨筆之記)'로 자유롭게 쓴다는 뜻이다. 수필은 운문이 아닌 산문으로 시와 구별되어 어떤 형식의 제약을 받지 않는 글이다.

　＊수필은 허구성이 없는 글이다. 작가의 의도에 의하여 창조되는 형태의 글이 아니라 자신의 체험을 솔직하게 고백하여 독특한 시각과 관점, 특징적인 문체가 생생하게 드러난다.

　　　　나는 그믐달을 몹시 사랑한다. 그믐달은 너무 요염하여 감히 손을 댈 수도 없고 말을 붙일 수도 없이 깜찍하게 어여쁜 계집 같은 달인 동시에 가슴이 저리고 쓰리도록 가련한 달이다.

서산 위에 나타났다 숨어 버리는 초생달은 세상을 후려 삼키려는 독부가 아니면 철모르는 처녀 같은 달이지마는 그믐달은 세상의 갖은 풍상을 다 겪고 나중에는 그 무슨 원한을 품고서 애처롭게 쓰러지는 원부와 같은 애절한 맛이 있다.

보름에 둥근 달은 모든 영화와 숭배를 받는 여왕 같은 달이지마는 그믐달은 애인을 잃고 쫓겨남을 당한 공주와 같은 달이다.

초생달이나 보름달은 보는 이가 많지마는 그믐달은 보는 이가 적어 그만큼 외로운 달이다. 객창한등에 정든 임 그리워 잠 못 들어 하는 분이나 못 견디게 쓰린 가슴을 움켜잡는 무슨 한 있는 사람이 아니면 그 달을 보아 주는 이가 별로 없을 것이다. 그는 고요한 꿈나라에서 평화롭게 잠든 세상을 저주하며 홀로 머리를 풀어 뜨리고 우는 청상과부와 같은 달이다.

내 눈에는 초생 달빛은 따뜻한 황금빛에 날카로운 쇠 소리가 나는 듯하고, 보름달을 쳐다보며 하얀 얼굴이 언제든지 웃는 듯하지마는 그믐달은 공중에 번듯하는 비수와 같은 푸른빛이 있어 보인다.

내가 한 있는 사람이 되어서 그러한지는 모르겠지만 내가 그 달을 많이 보고 또 보기를 원하지마는 그 달은 한 있는 사람만 보아 주는 것이 아니라, 늦게 돌아가는 술주정꾼과 노름하다 오줌 누러 나온 사람도 보고 어떤 때는 도둑놈도 보는 것이다.

어떻든지 그믐달은 가장 정(情) 있는 사람이 보거나

제12-1강

또는 가장 한(恨) 있는 사람이 보아 주고 또 가장 무정한 사람이 보는 동시에 가장 무서운 사람들이 많이 보아 준다.
　내가 만일 여자로 태어날 수 있다 하면 그믐달 같은 여자로 태어나고 싶다.
나도향 「그믐달」

　이 글은 보름달과 초승달 그리고 그믐달을 비교하면서 그믐달의 처연함을 그려내고 있다. 보름달은 충만한 이미지로 사람들의 숭배를 받아 관심과 풍요함의 상징으로 표현되고, 초승달은 그믐달에 비해 보는 이가 많고 따뜻한 황금빛에 날카로운 쇳소리가 나는 듯하고 세상을 후려 삼키려는 독부(毒婦)나 철모르는 처녀 같은 달이라고 말한다.
　이에 반해 그믐달은 보는 이가 적어 객창한등(客窓寒燈)에 그리운 임 생각에 잠 못 드는 사람이나 가슴 쓰린 한이 있는 사람이 보기 때문에 사람들이 많이 보지 않는 쓸쓸하고 처량한 달이라는 것이다. 또한 깜찍한 예쁜 계집 같아 감히 손을 댈 수도 없고 가슴이 저리고 쓰리도록 가련한 달이라고 말한다. 세상의 갖은 풍상을 겪어 한을 품고 있어 애처롭게 쓰러지는 원부(怨婦)와 같이 애절한 맛이 있다는 것이다. 가장 한(恨)이 있는 그런 그믐달을 작가는 독특한 시각으로 그믐달에 대한 애정을 표현하고 있다. 다양한 비유와 간결한 문체로 그믐달에 대한 한스러운 작가의 감정을 솔직하게 나타내고 있다.

＊수필을 기지와 해학이 들어있어 문학적 향취와 멋을 지니게

되는 글이다.

    수필은 청자연적(靑瓷硯滴)이다. 수필은 난(蘭)이요, 학(鶴)이요, 청초(淸楚)하고 몸맵시 날렵한 여인이다. 수필은 그 여인이 걸어가는, 숲 속으로 난 평탄하고 고요한 길이다. 수필은 가로수 늘어진 포도(鋪道)가 될 수도 있다. 그러나 그 길은 깨끗하고, 사람이 적게 다니는 주택가에 있다.
    수필은 청춘의 글은 아니요, 서른여섯 살 중년 고개를 넘어선 사람의 글이며, 정열이나 심오한 지성을 내포한 문학이 아니요, 그저 수필가가 쓴 단순한 글이다.
    수필은 흥미를 주지마는, 읽는 사람을 흥분시키지는 아니한다. 수필은 마음의 산책(散策)이다. 그 속에는 인생의 향기와 여운이 숨어 있다.
    수필의 빛깔은 황홀 찬란하거나 진하지 아니하며, 검거나 희지 않고, 퇴락(頹落)하여 추(醜)하지 않고, 언제나 온아우미(溫雅優美)하다. 수필의 빛은 비둘기 빛이거나 진줏빛이다. 수필이 비단이라면, 번쩍거리지 않는 바탕에 약간의 무늬가 있는 것이다. 그 무늬는 읽는 사람의 얼굴에 미소를 띠게 한다.
    수필은 한가하면서도 나태하지 아니하고, 속박을 벗어나고서도 산만(散漫)하지 않으며, 찬란하지도 않고 우아(優雅)하며, 날카롭지 않으나 산뜻한 문학이다.
    수필의 재료는 생활 경험, 자연 관찰, 또는 인간성이나 사회 현상에 대한 새로운 발견 등 무엇이나 다 좋을 것이다. 그 제재가 무엇이든지 간에 쓰는 이의 독특한 개성과 그 때의 심정에 따라 '누에의 입에서 나오는 액(液)이 고치를 만들 듯이' 수필은 써지는 것이다. 수필은 플롯이나 클라이맥스를 꼭 필요로 하지는 않는다. 필자가 가고 싶은 대로 가는 것이 수필의 행로(行路)다. 그러나 차를 마시는 것과 같은 이 문학은, 그 차가 방향(芳香)을 가지지 아니할 때에는 수돗물같이 무미(無味)한 것이 되어 버리는 것이다.

피천득「수필」중에서

이 글은 비유적인 표현으로 수필의 본질과 특성을 나타내고 있다. 우선 수필을 청자연적(靑瓷硯滴)에 빗대어 전체적인 균형을 유지하고 있으며, 얽매이지 않는 마음의 여유에서 비롯되는 것이라고 한다.

수필은 난(蘭), 학(鶴), 그리고 청초하고 날렵한 여인이라 하여 아름다우면서도 고매한 품격을 지녀야 한다는 것이다.

수필은 일상생활의 체험을 소재로 하되, 특수하고 가치 있는 것이라야 한다는 것이다.

수필은 마치 누에의 입에서 나오는 액(液)이 고치를 만들 듯이 붓 가는 대로 자연스러워야 한다는 것이다. 이와 같이 피천득은 비유적인 표현을 통해 수필의 성격을 밝히고 있다. 피천득은 섬세한 감성을 바탕으로 서정적이고 격조 높은 문학적 향취와 멋을 나타내고 있다.

*수필은 유머(humor)와 위트(wit)를 가미함으로써 웃음을 자아내는 품위 있는 언어와 날카로운 판단이나 지혜를 드러낸다.

한국 해학의 멋은 때로는 이솝 우화처럼 신랄하기도 하고, 모리엘의 연극처럼 시속적(時俗的)이기도 하며, 데카메론의 염정(艶情)과 선미(禪味) 풍기는 쇄탈(洒脫)도 있다.

한국인이 공통적으로 허허 웃는 김삿갓, 봉이 김 선달, 정수동, 황진이의 행동까지도 이것이 아닌가 한다. 양반을 조롱하는 서민의 감정 표현이라 하는 가면극의 사설도 해학(諧謔) 섞인 선비들의 글 속에서 우러나온 것이 아닌가 한다.

이상재(李商在) 선생이 일제(日帝)의 손에 잡혀 감옥살이를 하시다가 출옥하니, 그 제자들이 위문 와서 얼마나 고생하셨느냐 하였다. 그 때 이상재 선생 말씀이 "그래, 자네들은 얼마나 호강을 했는가."는 반문이었다.

말 속에 뼈가 있어 삼천리강산이 온통 감옥인데, 너희들 무슨 말을 하느냐는 따끔한 질책이 아니고 무엇이었겠는가?

우스갯소리는 여유와 뼈대 없이 나올 수는 없다. 신음과 저주에는 독설이 있을 수 있으나, 해학(諧謔)에 미치지 못한다.

옛날 노론(老論)이 득세하여 판을 치는데, 남산골 소론(少論)의 샌님이 벼슬은 고사하고 끼니도 때우지 못했다. 그를 아끼는 선비가 보다 못해 충고하기를 노론(老論)에 들면 벼슬길에 나아가 지식과 덕행을 펼 수 있고, 우선 의식주로 선비의 체면을 세울 수 있지 않느냐고 하였다. 남산골 샌님 대답하기를, "좋은 말씀이오. 노론이 되겠소마는, 나야 이왕 늦었으니 자식에게나 시켜 노론 애비가 될까하오." 하였다 한다. 그냥 웃어넘길 수 없는 이야기이다.

최태호 「해학송(諧謔頌)」 중에서

*이 글은 해학성을 직접 제재로 삼아 쓴 수필로, 이상재 선생의 예화는 농담이기는 하지만, 말 속에 뼈가 있는, 신랄한 농담이다.

남산골 샌님은 비록 끼니를 굶주릴지라도 노론이 되지 않겠다는 뜻을 상대방의 기분을 배려하면서도 자신의 의도를 관철하기 위해서 우회적으로 말하고 있다. 작가는 선인들의 멋과 여유가 담긴 해학의 예화를 소개하고 점점 해학의 멋을 잃고 살아가는 우리들에게 해학의 가치를 일깨워주고 있다.

*수필은 인생이나 자연 등 그 어떤 것도 소재가 될 수 있어 다양한 제재의 문학이라고 할 수 있다.

나무는 덕(德)을 지녔다. 나무는 주어진 분수에 만족(滿足)할 줄을 안다. 나무로 태어난 것을 탓하지 아니하고, 왜 여기 놓이고 저기 놓이지 않았는가를 말하지 아니한다. 등성이에 서면 햇살이 따사로울까, 골짜기에 내려서면 물이 좋을까 하여, 새로운 자리를 엿보는 일도 없다. 물과 흙과 태양의 아들로, 물과 흙과 태양이 주는 대로 받고, 득박(得薄)과 불만족(不滿足)을 말하지

아니한다. 이웃 친구의 처지(處地)에 눈떠 보는 일도
없다. 소나무는 소나무대로 스스로 족하고, 진달래는
진달래대로 스스로 족하다.
　나무는 고독(孤獨)하다. 나무는 모든 고독을 안다.
안개에 잠긴 아침의 고독을 알고, 구름에 덮인 저녁의
고독을 안다. 부슬비 내리는 가을 저녁의 고독도 알고,
함박눈 펄펄 날리는 겨울 아침의 고독도 안다. 나무는
파리 옴쭉 않는 한여름 대낮의 고독도 알고, 별 얼고
돌 우는 동짓날 한밤의 고독도 안다. 그러면서도 나무
는 어디까지든지 고독에 견디고, 고독을 이기고, 고독
을 즐긴다.
이양하 「나무」 중에서

*이 글은 작가의 독특한 안목으로 나무만이 지닐 수 있는 독특한 시각을 통해 인간과 비교한 교훈적인 내용을 담고 있다. 나무를 의인화하여 스스로 안분지족하고 주어진 환경에 따라 적응하면서도 나름대로 고독을 즐길 줄도 안다는 것이다. 작가는 나무를 하나의 인격체로 생각하면서 자신도 나무와 같은 자신만의 인생관과 삶의 의미를 부여하고 있다.

*수필은 작가의 심미적 안목과 철학적 사색의 깊이가 드러나는 글이다.

　　내가 잠시 낙향(落鄕)해서 있었을 때의 일.
　　어느 날 밤이었다. 달이 몹시 밝았다. 서울서 이사

제12-1강

온 윗마을 김 군을 찾아갔다. 대문은 깊이 잠겨 있고 주위는 고요했다. 나는 밖에서 혼자 머뭇거리다가 대문을 흔들지 않고 그대로 돌아섰다.

맞은편 집 사랑 툇마루엔 웬 노인이 한 분 책상다리를 하고 앉아서 달을 보고 있었다. 나는 걸음을 그리로 옮겼다. 그는 내가 가까이 가도 별 관심을 보이지 아니했다.

"좀 쉬어가겠습니다."

하며 걸터앉았다. 그는 이웃 사람이 아닌 것을 알자,

"아랫마을서 오셨소?"

하고 물었다.

"네, 달이 하도 밝기에……"

"음! 참 밝소."

허연 수염을 쓰다듬었다.

두 사람은 각각 말이 없었다. 푸른 하늘은 먼 마을에 덮여 있고, 뜰은 달빛에 젖어 있었다. 노인이 방으로 들어가더니, 안으로 통한 문소리가 나고 얼마 후에 다시 문소리가 들리더니, 노인은 방에서 상을 들고 나왔다. 소반에는 무청김치 한 그릇, 막걸리 두 사발이 놓여 있었다.

"마침 잘 됐소, 농주(農酒) 두 사발이 남았더니……"

하고 권하며, 스스로 한 사발을 쭉 들이켰다. 나는 그런 큰 사발의 술을 먹어 본 적은 일찍이 없었지만 그 노인이 마시는 바람에 따라 마셔 버렸다.

245

이윽고
"살펴 가우."
하는 노인의 인사를 들으며 내려왔다. 얼마쯤 내려오다 돌아보니, 노인은 그대로 앉아 있었다.

윤오영 「달밤」

*이 짧은 글은 달빛이 비치는 시골 풍경을 배경으로, 밝은 달과 노인의 인정이 조화를 이루고 있다. 친구를 만나러 갔다가 못 만나고 돌아오는 길에 달을 벗 삼아 추억과 외로움을 반추하고 있는 노인을 만나 정겨움을 나누는 이야기이다. 밝은 달빛과 밤의 고요함 그리고 노인의 따뜻한 정이 어우러진 정경이 마치 한 폭의 정물화처럼 정적인 측면이 그려지고 절제된 표현에서 시골 풍경의 인정을 느끼게 한다. 달밤의 아름다움에 이끌려 집을 나섰다가 우연히 달밤의 정경을 즐기는 노인의 모습에서 달밤의 정취가 나에게까지 전해져오는 물아일체(物我一體)의 경지를 맛보게 된다. 이 글은 비록 짧지만 선적이고 도교적인 이미지를 함축하고 있다.

3. 수필의 분류

*수필은 형식이 자유롭기 때문에 특정한 구성을 취하지 않는다.
*수필을 에세이(essay)와 미셀러니(miscellany)로 나누는 경우

· 에세이—포멀 에세이라고도 하며, 지성적, 객관적 성

제12-1강

격을 지니며, 직감적 통찰력이 주가 되는 비평적인 글로 논리적이고 지적인 문장을 말한다.
· 미셀러니-인포멀 에세이라고도 하며, 감성적, 주관적 성격을 지니며, 일정한 주제보다 사색이 주가 되는 서정적 수필을 말한다.

*한편으로는 에세이의 일면을 수필이라고 언급하기도 한다.

 사실 에세이니 수필이니 하는 개념은 그 적용 범위가 극히 다종 다양한 내용을 포함하고 있기 때문에 도저히 일의적인 규정을 내리기는 곤란한 데가 없지 않다. 보통 수필이라 하면 붓 가는 대로 자유로이 견문, 체험, 감상, 소설 등을 써 모은 것으로 그 내용도 일기적·기행적·사색적·고증적인 것 등등 실로 가지가지의 각도에 뻗치는 것이다. 에세이라고 하는 것도 보통 자기의 감정을 때에 따라 생각나는 대로 서술한 산문이라 할 수 있는 것으로 그 형태를 크게 나누어 주지적·객관적인 학술상의 논문에 가까운 것과 주정적·주관적인 문예작품인 것으로 이대별 할 수 있다고 보는 것이 상식이다. 헌데 현행 우리 문단에서는 전자, 즉 학술상의 논문보다는 오히려 후자 곧 주정적·주관적인 문예작품인 것을 소위 수필문학으로 다루는 것이 상례로 되어 있다.

제13-1강

희곡(戲曲)

1. 희곡의 개념

*희곡은 문학의 한 장르로, 배우들이 무대 위에서 관객을 상대로 말과 행동을 통해 직접 보여주기 때문에 여러 가지 특수성과 제약이 따른다. 희곡이 문자로 기록되면 문학이고, 무대에서 상연되면 연극이 되기 때문에 문학성과 희곡성을 지닌다고 할 수 있다.

*희곡은 연극을 만드는 기본적인 요소로, '대본과 공연', '각본의 무대화', '작가와 배우' 등은 희곡과 연극의 관계를 나타낸다.

*희곡은 'drama' 또는 'play'라고 말한다. 'drama'는 '행동한다.'는 의미이며, 'play'는 '유희한다.'라는 의미를 지녀 희곡은 곧 연극이라는 뜻이다.

*희곡에서는 소설과 달리 직접적인 묘사를 할 수 없다. 희곡은 오로지 인물의 행동과 대사를 통해서만 이루어진다. 희곡은 압축된 구조를 통해서 긴장과 갈등으로 극적 상황을 나타낸다.

*희곡에서는 작자의 직접적 해설을 붙일 수 없다. 희곡에서는 행동이나 상황, 제스처 등이 지니는 의미에 전혀 관여할 수 없다

*희곡에서는 순전히 정신적, 심리적인 행동(action that is purely mental or psychological)은 사용하기가 어렵다. 희곡은 객관적이고 외적인 행동의 세계를 현재적인 무대 위에서 표출(表出)할 뿐이지, 순전한 심리의 세계나 정신의 영역, 다시 말해서 내면의 세계를 표현하기가 어렵다는 뜻이다. 물론 연기자의 제스처나 대화를 통해서 간접적인 심리표현을 할 수는 있겠지만, 소설이나 시에서 보듯이 그렇게 세세하게 심리분석을 한다든지 내면을 탐구하는 일은 도저히 할 수 없다. 따라서 셰익스피어 극에서 독백(soliloquy)의 기법으로 심리 표현을 하기도 했고, 오닐(Eu-gene O'Neill)이 비슷한 수법을 쓰려고 했지만, 이것은 희곡의 일반적인 방법은 아니다.

(C. Brooks & R. B. Heilman, Understanding Drama, New York, 1965, p.25)

2. 희곡의 본질

*희곡은 언어로 구성되어 있다는 점에서 문학이지만, 상연을 목적으로 하기 때문에 무대 조건의 제약을 받을 수밖에 없으며, 연출가나 연기자를 위시하여 많은 예술가들의 해석 과정을 거쳐

서 상연됨으로써 비로소 그 효과를 나타낼 수 있다.

*희곡은 대본이며, 일종의 청사진으로 배우가 장치, 소도구, 조명, 음향효과를 갖춘 무대에서 사건을 연기하고 등장인물을 창조함으로써 이루어진다.

*레제드라마(Lese-drama)-무대 상연을 목적으로 쓴 것이 아니라 읽기 위한 용도로 쓴 드라마로 '읽는 희곡' 또는 '서재극(書齋劇)'을 말한다. 따라서 연극성보다는 문학성에 더 중점을 둔다. 희곡이라기보다는 대화 형식의 이야기와 비슷하여 운문 형식에 더 가깝다고 할 수 있다. 형식적으로는 레제드라마도 희곡인 것은 분명하지만 엄밀하게는 희곡이란 극장이나 관객 앞에서 상연되는 것을 목적으로 쓴 것에 한정된다.

3. 희곡과 시나리오

*희곡은 무대 상연을, 시나리오는 영화를 전제로 한 창작이라는 점에서 공통점을 지닌다. 희곡과 시나리오는 대화나 행동을 중심으로 인생을 표현하며, 극적 구성을 본질로 한다는 양식도 서로 유사하다.

*희곡은 문학의 한 장르로 인정하지만 시나리오는 문학적 독자성이 희박하다는 차이가 있다. 희곡이 연극이 지니는 독립적인 성격에 비해 시나리오는 영화의 부속적인 성격이 강하게 인식되기 때문이다. 희곡은 이야기를 중심으로 연극의 대본이 완

성되지만, 시나리오는 문장보다는 시각적인 면이 부각되기 때문에 그 차이가 있다. 또한 시나리오는 영상의 예술로 기계에 의한 기술적 소산으로 보기 때문이기도 하다.

*희곡은 연극의 대본으로 무대에서 상연되므로 시간과 공간의 제한을 받는다. 시나리오는 비교적 시간과 공간의 제약을 덜 받는다. 또한 희곡은 등장인물의 수에 제한을 받지만, 시나리오는 등장인물의 수에 제한을 받지 않는다. 희곡은 막과 장이 단위로 되어 있고, 시나리오는 시퀀스(sequence)와 신(scene)이 단위이다. 희곡은 집약미를 추구하지만, 시나리오는 유동미를 추구한다. 그 외에 희곡은 순간예술, 입체적 요소가 강하지만, 시나리오는 영구예술, 평면적 요소가 강하다.

4. 희곡의 특성

*희곡은 무대 상연을 전제로 한 문학으로 여러 가지 제약이 따르게 되며, 극적 관습(컨벤션)이 중요한 역할을 한다. 희곡에는 레제드라마, 즉 읽기 위한 희곡이 있기도 하지만, 이는 특수한 예외이고 일반적으로 희곡은 연극성에 더 중점을 둔다.
*희곡은 제한된 시간에 공연될 경우 관중을 집중시키기 위해 긴장되고 극적인 상황이 필요하다. 희곡은 극적인 긴장감을 중심으로 사건이 전개되어야 한다.
*희곡은 분규와 갈등의 문학으로 인물의 성격과 의지가 빚어

내는 극적 대립과 갈등, 분규를 주된 내용으로 한다.

　*희곡은 행동의 문학으로 무대 위에서 배우의 연기에 의해 표출되는 인간의 행동으로 인생의 진실을 형상화한다.

　*희곡은 소설처럼 직접적인 묘사 해설이 불가능하므로 인물의 대사를 통해서 사건이 전개된다.

　*희곡은 모든 이야기가 관객의 눈앞에서 현재화시켜서 표현하게 되며, 지문들은 현재 시제로 구성된다.

5. 희곡의 구성

　①무대 지시문-무대 장면의 정경이나 연기자의 동작을 가리키는 무대 지시를 적은 것으로 무대 지시와 동작 지시로 나누어진다. 이 외에 등장인물의 동작, 음악, 조명, 효과, 의상, 무대 상황 등 대사 이외의 모든 것을 말한다.

　②대사- 희곡에서 등장인물이 하는 말이다. 인물의 성격과 인물 간의 관계는 모두 대사를 통해서 이루어진다. 대화는 2인 이상의 등장인물이 주고받는 말이며, 독백은 등장인물이 혼자서 하는 말이고, 방백은 무대 위의 다른 인물은 듣지 못한다는 전제하에 인물이 관객에게 직접 하는 말이다.

　③인물설정-희곡에서 등장인물의 성격은 행동이나 대사를 이끄는 데 중요한 역할을 한다. 따라서 희곡에서 인물은 압축되고 개성적이며, 전형적이어야 한다. 또한 인물의 성격은 심리적

갈등과 의지의 투쟁을 나타내어 성격의 대립에서 오는 갈등을 끝까지 투쟁하는 자세를 취해야 한다.

6. 희곡의 구성 단계

*희곡의 구성은 시간이나 공간, 인물이 제시되고 극적 행동이 일어나는 구조를 이루어야 한다.
*희곡의 구성은 갈등과 분규 등의 행위를 중심으로 '시작'-'중간'-'끝'이라는 기본 구조를 갖추어야 한다.
*희곡의 구성은 주동인물과 반동인물 사이의 갈등과 대립이 긴장을 중심으로 상승과 하강의 과정을 지녀야 한다.
*희곡의 구성은 서로 대립되었던 두 힘의 균형이 깨어지고 해결의 국면으로 기울어지는 단계를 거친다.
*희곡의 구성은 사건과 갈등이 종결되고 주인공의 운명이 결정되는 단계로 마무리 되어야 한다.
*희곡은 따라서 발단, 전개, 절정, 반전, 파국의 5단 구성을 취한다.

7. 희곡의 갈래

*희곡의 갈래는 비극(tragedy)과 희극(comedy) 그리고 비희극(tragic-comedy)이 있다.

① 비극

*비극(tragedy)은 고대 희랍의 디오니소스(Dionysus)신을 찬양하는 축제에서 그 기원을 찾을 수 있다.
*아리스토텔레스는 '비극은 진지하고 완전하고 일정한 크기를 가진 행동을 모방하는 것이며, 애련과 공포를 통하여 감정의 카타르시스를 시행한다.'고 하였다.
*유명한 비극시인으로는 17세기 프랑스 고전파시인 라신느(Racine)와 코르네이유(Corneille), 근대 극작가 입센(ibsen), 스트린드베리(Strindberg), 오닐(Eugene O'Neill) 등이 있다.
*비극의 주동인물(protagonist)은 비상한 용기와 비범한 행위로 운명이나 상황에 부딪쳐서 투쟁하다가 좌절하는 비극적 결함으로 긴장감 있게 진행되며, 연민의 정을 느끼게 한다.
*비극의 주인공은 선(善)을 대표하는데 결말은 주동인물과 반동인물의 투쟁에서 주동인물의 비참한 파멸로 끝난다.
*비극은 희극과 달리 보편적인 인간의 운명이나 성격의 갈등 등 주로 개인 문제를 다룬다.
*비극의 종류에는 운명비극, 성격비극, 상황비극으로 나눈다.

② 희극

*희극(comedy)은 인물의 성격이나 행동에서 인간적인 결함이나 약점을 묘사하여 나타내는 드라마다. 희극에서는 인간의 결

점이나 사회의 병폐 상황을 골계미로 표현하여 지성에 호소하고 웃음을 자아내게 한다.
　*희극은 경쾌하고 웃음이 주가 되며, 지적이며 비판정신이 따르고 기지(機智)나 아이러니(irony), 풍자(諷刺) 등이 사용되는 드라마다.
　*희극은 결말이 행복하게 끝나며, 희극에서 인물은 사회의 규범에 순응하여 익살스러운 웃음을 즐기는 시정의 인간을 뜻하므로 서민적이고 사회적이다.
　*소극(farce)은 희극에 속하는 것으로 주로 익살과 우스꽝스런 사건을 다루어 웃음을 일으키게 한다. 소극은 즉흥적인 사건이나 인물의 과장을 최대한 행동에 삽입하여 오락성을 높이는 것이 특징이다.

　③비희극

　*비희극(tragic-comedy)은 비극과 희극의 단순한 결합이 아닌 완전한 융합이어야 하는 것으로, 불행한 사건이 전개되다가 나중에는 상황이 전환되어 행복한 결말을 얻게 된다. 작품으로는 셰익스피어의 『베니스의 상인』, 『겨울 이야기』, 『이척보척(以尺報尺)』 등을 들 수 있다

제13-2강

문예사조

1. 문학의 사조

*문예사조란 문학과 예술이 어떤 시대에 공통적으로 지니는 문학의 경향을 말한다. 문학은 그 시대의 영향 속에서 변화 발전한다. 작가에 의해 창조된 문학 작품은 그러한 시대적 흐름에 투영되어 나타나기 마련이다. 따라서 그 시대를 이끌어 가는 시대정신과 세계관 그리고 인생관이 작품 속에 수용될 수밖에 없다. 그러므로 문학사조는 그 당시의 사회, 문화, 정치, 경제적인 흐름과 서로 불가분의 관계를 갖게 된다.

*서구의 문예사조의 바탕은 고대 그리스와 로마시대의 문화를 바탕으로 한 헬레니즘(Hellenism)과 고대의 유태교와 기독교에 바탕을 둔 헤브라이즘(Hebraism)에 뿌리를 두고 있다. 고대 지중해에서 발달한 헬레니즘과 헤브라이즘 사상은 서양 문학의 2

대 원류로 세계관의 차이를 보인다.

*헬레니즘은 소크라테스의 '너 자신을 알라'라는 말처럼 인간 중심적인 세계관을 보여주는데 반해, 헤브라이즘은 성경의 잠언 9장 10절에 나오는 '여호와를 경외하는 것이 지혜의 근본이요, 거룩하신 자를 아는 것이 명철이니라.'라는 말처럼 신(神) 중심의 세계관을 보여준다.
*헬레니즘은 희랍정신과 그 지향성의 표상으로 현세적, 사실적, 육적, 본능적 경향을 띠는데 비해, 헤브라이즘은 내세적 신(神) 중심이기 때문에 정신과 영혼을 중시하고 이상적, 금욕적으로 신의 의지를 인정하고 복종할 것을 요구한다.

*헬레니즘은 2천여 년 동안 헤브라이즘 아래 고립되었다가 르네상스의 인본주의로 빛을 찾아 현대까지 이어지고 있다. 헤브라이즘은 성서에 문학적으로 집약되어 있어서 탁월한 문학작품들의 근원이 되고 있다. 밀턴의 『실락원(失樂園)』이나 도스토옙스키의 『카라마조프가의 형제들』, 톨스토이의 『부활』 등은 헤브라이즘의 주류를 이루고 있다.

*헬레니즘과 헤브라이즘은 르네상스에서 교차되면서 서로 엇갈려 발전과 변화를 거듭하며 오늘날에 이르고 있다. 즉 고전주의에서는 헤브라이즘이 우세하고, 낭만주의에서는 헬레니즘이 우세하며, 현대에는 헬레니즘이 주류를 이루고 있다. 헬레니즘과 헤브라이즘은 문학 창조의 바탕이 되므로 특히 현대사회에서 문

학과 예술은 두 사조의 조화와 균형이 필요하다.

2. 문예부흥

*르네상스(Renaissance)는 '재생(rebirth)' 또는 '신생(new-birth)'으로, 문예부흥은 인간의 재생을 뜻한다. 이는 암흑세계인 중세의 2천여 년 동안 질식당하던 고대 그리스·로마 시대 헬레니즘의 발현을 의미한다. 르네상스는 극단적인 종교의 부패로 동로마 수도가 함락되면서 시작된다.

*문학에서 르네상스는 고전작가들에 의해 새롭게 탄생되었으며, 또한 인쇄술의 발달과 종이의 제조법, 나침반의 발명으로 인한 신대륙의 발견 등으로 획기적인 변화를 가져왔다.

*문예부흥은 이탈리아를 중심으로 프랑스와 영국을 비롯한 여러 나라로 번져갔다. 프랑스의 몽테뉴, 스페인의 세르반테스, 포르투갈의 카몽스, 영국에서는 셰익스피어 등이 주축이 되어 인간 중심의 헬레니즘 문학을 형성하였다.

문예사조의 흐름

1. 고전주의

*고전주의(classicism)는 그리스 로마의 문학을 숭상하였으며,

17세기 프랑스에서 일어나 독일과 영국을 비롯한 여러 나라로 파급된 문예사조이다. 고전주의는 봉건적이고 그리스도교적 중세 문학에 반대하여 생긴 새로운 문예사조로 르네상스 이후의 문학적 흐름을 말한다.

*특히 17세기에 프랑스 루이 14세는 절대군주제를 실시하며, 정략적인 방법으로 문학을 사회제도의 정비 수단으로 이용한다. 그 당시의 대표적인 작가로는 프랑스의 코르네르와 몰리에르, 라신느, 영국의 셰익스피어와 드라이든, 독일의 괴테와 레싱 등이 있다.

*고전주의 문학의 특징을 방 띠겜(P. Van Tieghem)은 이성을 중시해야 한다고 강조하였다.

"작가에게 절대적이고 확실한 지침은 '理性'이다. 모든 인간은 상상력이나 감수성에 있어서 서로 다르지만 이성에 있어서는 공통된다. 문학이 인간적인 것을 표방하려면 당연히 이성을 기초로 해야 한다."라고 하였다.
(P. Van Tieghem, 小林正 譯,『近代 歐羅巴·美國文學史』, 평론사, 1946, p.90)

*고전주의는 개성적인 세계보다는 보편적인 세계를 지향하는데, 보편적인 것은 불변적이기 때문이다.
*고전주의 문학은 세련된 형식과 보편적 가치의 추구로 영구적인 세계를 지향하고 있다.
*고전주의 문학의 목표는 이성과 보편적 가치를 추구하는 합리주의 사상을 근거로 보다 세련된 자기완성의 길로 나아가고자 하였다.

2. 낭만주의

*낭만주의(romanticism)는 18세기 후반에서 19세기 전반에 걸쳐 영국과 독일에서 일어나 전 세계에 널리 퍼진 문예사조이다. 낭만주의는 17세기 프랑스, 영국, 독일에 퍼진 고전주의에 반대하여 개성적이며 자유분방한 이상주의적 경향을 지닌다.

*쉴레겔(F. Schlegel)에 의하면 고전적인 예술은 보편성, 관념성, 조형성, 폐쇄성을 특질로 하고 있으나, 낭만적인 예술은 개성, 개방성, 회화성 등을 내세운다고 하였다.

*낭만주의자들은 계몽주의가 내세웠던 이성과 경험 그리고 과도한 도덕적 교훈주의에 반기를 들고, 비논리적이고 감성적이며 직관적인 힘으로 자유로운 상상력과 아름다움을 추구하는 감성의 시대를 열었다.

*낭만주의는 독일의 '질풍노도(Sturm und Drang)'라는 문학혁명 운동에서 시작되었다.

*낭만주의가 발생한 것은 영국의 산업혁명과 프랑스의 대혁명을 들 수 있는데, 산업혁명으로 인한 대량생산과 자본주의의 발달로 인한 삶의 혁신적인 변화와 프랑스 혁명에서 나타난 부작용이 낭만주의를 불러 일으켰다.

*루소(J. J. Rousseau)는 낭만주의 사상에 철학적 바탕을 제공하였으며, 그의 '자연으로 돌아가자'라는 주장은 문명에서 자연으로, 이성에서 감성으로, 보편성에서 개성으로 돌아가자는 의미이다.

*낭만주의 문학의 특징은 개인의 힘을 중시하는 경향으로 개

인의 정서와 개인의 재능을 중심으로 한 서정시 작품이 나왔다.
　*낭만주의 문학의 주조는 이상세계의 동경으로 꿈과 신비적 무한성을 갈구했다. 그러나 유한적 존재인 인간의 무한자에 대한 동경은 인식능력의 한계에 부딪쳐 우울과 염세주의에 빠지는 '낭만적 아이러니'가 발생되었다.
　*낭만주의 문학은 이국적인 정취와 중세시대에 대한 관심을 보였다. 미지에 대한 동경은 이국에 대한 관심으로 연결되면서 그리스, 로마는 물론 인도에 대한 관심이 최고조에 이르는데, 이는 회고적인 세계로의 지향을 뜻한다.
　*낭만주의 문학은 자연귀의 사상으로, 인간과 자연을 하나의 유기체로 보아 자연을 통해 인간의 참모습을 찾으려 했다.
　*영국의 낭만주의 문학은 워즈워드와 콜리지의 「서정시가집」에서 낭만주의 시관을, 바이런은 「돈 쥬앙」 등을 써서 이국적 정서를, 셸리는 키이츠를 애도한 「아도네스」와 그 외에 장편과 희곡을 써서, 자연에 대한 철학적 사색을, 키이츠는 「나이팅게일」 등으로 미적 감각을 보여주었다. 소설에서는 스코트가 「아이반호」, 「로부로이」 등의 역사소설로 낭만주의 문학에 활기를 주었다.
　*독일의 낭만주의 문학은 괴테의 「젊은 베르테르의 슬픔」과 쉴레겔 형제와 노발리스, 티크를 중심으로 전기 낭만주의를, 아르님, 브렌타노, 하이네를 중심으로 후기 낭만주의를 볼 수 있다. 특히 노발리스의 「밤의 찬가」, 「푸른 꽃」은 낭만주의 문학의 실상을 볼 수 있다.
　*프랑스의 낭만주의 문학은 영국이나 독일보다 늦게 시작되었는데, 스탈 부인의 선구적 활동과 샤토브리앙의 「아탈라」와 「르

네」가 유명하며, 위고의 시집으로는 「오드 기타」가 있으며, 「에르나니」를 상연하여 낭만주의의 기수가 되었다.

3. 사실주의

*사실주의(realism)는 19세기 후반 낭만주의 문학에 반발하고 일어난 대표적인 문예사조다. 콩트의 실증주의(實證主義) 철학을 바탕으로 한 현실위주의 새로운 사상의 영향으로 사실주의가 등장하였다. 사실주의 문학은 미적이고 조화적인 것보다, 일상적인 것을 세부적으로 묘사함으로써 구체적이고 개성적 세계를 중시하여 현실을 보다 객관적으로 파악하고자 하였다.
*사실주의는 낭만주의의 이상적, 탐미적, 중세주의적 경향과는 달리 이지적인 방법으로 냉정하게 현실세계를 관찰하고 인생의 참모습을 찾으려 하였다.
*사실주의가 현실의 '재현'을 위해 객관적 방법을 중시하였는데, 자연주의는 리얼리즘 정신에다 과학적 방법으로 분석하고 실험하였다.

*프랑스에서는 발자크(Balzac)가 발표한 「인간희극」으로 시작해서 스탕달(Stendhal)의 「적과 흑」의 발표로 본격화되기 시작하였다. 또한 플로벨의 「보봐르 부인」은 사실주의 문학의 자리를 굳혔다.
*영국 사실주의의 거장인 디킨즈(Dickens)는 가난한 사람들의 비참한 생활을 그린 「데이비드 커퍼필드」와 위선적인 고아원 제

도의 혁신을 꾀한 「올리버 트위스트」, 따뜻한 인정의 세계를 그린 「크리스마스 캐럴」 등을 썼고, 새커리(Thackeray)는 인간은 어리석고 이기적이며 허영을 쫓는다는 「허영의 시장」을 발표해 영국 문학을 대표하고 있다.

*영국 사실주의 여류작가에는 「제인 에어」의 샬롯 브론테(Charlotte Bronte), 「폭풍의 언덕」의 에밀리 브론테 (Emily Bronte), 「오만과 편견」의 오스틴(J. Austen)과 엘리엇(G. Eliot)이 있다.

*독일에서 프라이타크(Freytag)는 중산계층의 생활을 긍정적으로 묘사해 당시 사회의 움직임을 명료하게 파악했다는 평가를 받는 「차변(借邊)과 대변(貸邊)」(1855)을 썼고, 켈러(G. Keller)는 자전적인 소설로 「녹색의 하인리히」와 단편집 「젤트빌라의 사람들」에서 사실주의 작품을 썼다.

*러시아에서는 푸시킨(Pushkin)의 「대위의 딸」, 고골리(Gogoli)의 「검찰관」, 「죽은 農奴」, 도스토옙스키의 「죄와 벌」, 「카라마조프가의 형제들」과 그 외에도 투르게네프, 곤차로프, 벨린스키 등에 의하여 민중성과 사회적으로 중요하게 제기되는 문제들을 다루어 리얼리즘에 해당하는 걸작을 남겼다.

*미국에서는 마크 트웨인(Mark Twain)의 「톰 소여의 모험」, 「왕자와 거지」, 「바보 윌슨의 비극」, 하웰즈(Howells)의 「사일러스 라팜의 성공」, 드라이저(Dreiser)의 「아메리카의 비극」, 「미국인」, 「여인의 초상」 등이 사실주의를 나타내고 있다.

4. 자연주의

*자연주의(naturalism)는 19세기 후반에 낭만주의 이후에 사실주의와 거의 같이 일어난 문예사조다. 자연주의는 모든 것을 논리와 실험을 통해 증명하고자 하는 실증주의적 사고방식에서 출발하여, 인간과 세계를 자연과학의 정신에 입각하여 진실이나 사실을 찾고자 하는 문학 운동이다.

*독일의 하르트만(Hartmann)이나 프랑스의 브룬티에르(Brunetie're)를 비롯한 많은 학자나 비평가들이 사실주의와 자연주의를 같은 개념으로 쓰기도 한다.
*자연주의와 사실주의는 동의어로 사용되기도 하는데, 이는 두 문학사조의 성립 근거가 과학적 실증주의와 물질적 관심의 증대에서 비롯되었다는 것으로 자연주의와 사실주의를 '리얼리즘 문학'으로 부르기도 한다.

*자연주의는 모파상(Maupassant)의 「여자의 일생」이 나오고, 생물학자 베르나르 실험의학이론의 영향을 받기도 한 '제2 제정하(帝政下)의 한 가족의 자연적, 사회적 역사'를 그린 졸라(Zola)의 「루공 마카르 총서」가 나온 시기를 절정으로 본다.
*자연주의는 플로벨이 강조한 일물일어설(一物一語說)로 표현하는 사실주의에 반해, 과학적, 기계주의적 물질관에 의한 사회나 인생을 분석하는 사조를 일컫는다. 따라서 자연주의는 자연과학적 입장으로 인생을 관찰, 해부하고, 분석하고 평가하는 것이다.

*프랑스의 생트 뵈브는 근대 비평의 선구자로 자연과학적인 방법을 비평에 도입하여 테느에게 영향을 주었고, 테느의 과학 이론은 졸라에게 영향을 주어 자연주의의 절정을 이루게 하였다.

*자연주의에서는 테느가 강조한 환경묘사에 중점을 두면서 인물의 개성을 통한 인생의 단면을 묘사하여 자연주의 특유의 인간상을 그려낸다.

*자연주의는 졸라가 자연과학의 방법을 도입하게 되고, 그 귀결로 생리적인 인간을 묘사하여 인간의 추악한 면을 밝혀내어 사회를 개량하고자한 데 의의가 있다.

5. 상징주의

*상징주의(Symbolism)는 19세기 말부터 1900년경까지의 프랑스에서 일어난 문학의 흐름이다. 상징주의는 과학적 결정론과 실증주의에 반기를 들고, 현상적 세계를 통한 차원 높은 '영혼의 상태'와 절대의 세계에 대한 초월적인 갈망을 추구하고 있다.

*상징(symbol)란 말은 그리스어 'symballein'으로 '조립한다, 함께 던진다.'라는 것으로 결국 표면적인 것과 내면적인 세계를 동시에 지녀 하나의 완전한 복합체로 본질적인 세계를 나타내게 된다.

*상징은 하나의 이미지가 다른 하나의 관념을 암시하거나 환기함으로써 의미가 확대되고 인간 정신 활동의 영역을 넓히게 된다.

*상징파 시인들은 사실주의나 자연주의의 객관적 입장을 비예술적 행위로 규정하고, 지성화된 감성으로 인간의 내면세계를 포착하여 정신세계의 아름다움을 표현하였다.

*상징주의 문학의 대표적인 시인 보들레르(Baudelaire)는 「악의 꽃」에서 상징적인 방법으로 새로운 세계의 보편적 의미를 보여주었다.

*베르네르(Verner)는 처음에는 고답파(高踏派)와 보들레르의 영향으로 시를 쓰지만, 섬세하고 미묘한 형식 아래 관능이 표현되고, 인간의 내면을 음악적인 상징미로 표현하였다.

*랭보(Rimbaud)는 격렬한 영혼의 소유자로 시인이란 자신을 깨닫는 '견자(見者)'가 되어 새로운 세계를 창조하기 위해서는 직관에 의한 '절대'를 파악하여야 한다는 것이다.

*말라르메(Mallarmé)는 상징주의 시인 중 가장 순수한 사람으로, 시는 순수한 아름다움을 향한 지적 노력에 의한 교묘한 표현이라는 것이다. 그는 영상과 음악에 의해 암시를 구하는 시풍을 개척하였으며, 그의 살롱에는 매주 화요일에 많은 지식인들이 모이는 '화요회'가 유명하다.

*영국의 예이츠(Yeats)는 베르네르의 영향을 받았으며, 독일의 릴케(Rilke)의 「형상시집」, 「두이노의 비가(悲歌)」 등에서 상징주의를 표현하였다.

*상징파 시인들의 실험적인 기법은 자유로운 산문시와 자유시를 통해 현대시의 기법을 풍부하게 하였으며, 현대소설에서도 오랫동안 지속적인 영향을 주고 있다.

6. 모더니즘

＊모더니즘(modernism)은 20세기 초에 일어난 유럽 지식인들 사이에서 일어난 근대적인 감각을 나타내는 예술상의 사조를 말한다.

＊모더니즘은 기존의 사실주의와 유물론적 세계관, 전통적 신념으로부터 벗어나려는 문화운동이다. 좁은 의미의 모더니즘은 현대 기계문명과 도시감각을 중시하는 현대적인 작풍(作風)을 추구하는 문학 예술상의 사조를 뜻한다.

＊문학 예술상의 모더니즘은 그 의미가 넓어 20세기 상징주의, 표현주의, 미래주의, 초현실주의, 입체주의, 주지주의, 인상주의, 이미지즘 등을 통칭하는 것으로 전위적이고 실험적인 유파를 말한다.

＊모더니즘은 영미 비평계에 치우친 명칭으로, 독일에서는 '전위주의(Avantgardismus)'로 칭하며, 이것이 영어로 '모더니즘'으로 번역되었다. 영미계통의 모더니즘 작가로는 주도적인 인물인 에즈라 파운드(Ezra Pound)를 비롯한 W. 루이스, D. H. 로렌스, 제임스 로렌스, T. S 엘리엇 등이 있다.

＊T. S. 엘리엇은 『황무지』에서 전통적인 시 형식에서는 찾아볼 수 없었던 단편적이면서 고도로 함축적인 구성과 이미지를 통해 현대문명의 황폐함과 현대적 삶의 정신적 공허함을 나타냈다. 모더니즘에서는 현대문명을 부패하고 파편화된 세계로 인식하여 주로 혁신적인 형식과 언어를 통해 개인의 소외와 고독, 정체성 등의 문제를 다루었다.

*모더니즘은 이미지를 중시하였는데, 이미지즘의 특성은 일상적인 언어의 정확성을 강조하고, 새로운 감정은 새로운 리듬으로 표현되어야 하며, 자유로운 제재의 선택과 개성적인 표현을 의미한다. 이미지즘 운동은 19세기 문학에 대한 결별로 낭만주의 문학에 반대하여, 선명하고 명확한 이미지를 주창한 흄(T. E. Hulme)과 에즈라 파운드(Ezra Pound)에 의하여 일어난 문학운동이다.

*이미지즘은 제1차 세계대전으로 인간에 대한 신념을 잃어버리게 되고, 이로 인해 기독교가 붕괴되었으며, 니체와 프로이드의 영향이 흄에게 새로운 통찰력을 부여하게 된다.
*흄은 에즈라 파운드와 더불어 전통적인 인간중심주의와 낭만주의 및 자연주의를 거부하고 과학적, 절대적 태도와 기하학적 예술을 수립한다. 이러한 시정신은 엘리어트, 리챠즈, 엠 프슨 등으로 전개되는데 특히 에즈라 파운드는 '시의 언어는 정확하고 구체적이어서 이를 통해 하나의 이미지를 창조하는 것이 시인의 의무'라고 하였다.

7. 포스트모더니즘

*포스트모더니즘은 일반적으로 1960년대에 미국과 유럽에서 일어난 문화운동이면서 정치, 경제, 사회 전반에 걸친 한 시대의 이념이나 그것을 위한 운동이라 할 수 있다. 포스트모더니즘(postmodernism)은 포스트(post)와 모더니즘(modernism)의 합성

어로 '후기 모더니즘'을 의미한다. 모더니즘과 포스트모더니즘은 서로 계승적, 발전적인 관계로 파악할 수 있고, 또는 대립적, 적대적 관계로도 파악할 수 있다.

*포스트모더니즘 운동은 미국과 프랑스를 중심으로 학생운동, 여성운동, 흑인 민권운동, 제3세계운동 등의 사회운동과 전위예술 혹은 후기구조주의 사상으로 시작되어 1970년대 중반 점검과 반성을 거쳐 20세기 후반까지 이른다.

*포스트모던이라는 용어는 영국의 역사가 아놀드 토인비(Arnold J. Toynbee)가 『역사연구』에서 19세기 말 이후 서구 근대문명의 위기를 지칭하는 것으로 최초로 사용하였다.

*포스트모더니즘은 모더니즘의 과학적 합리성과 사회의 진보에 기반을 둔 사상에 대한 반작용으로 1960년대 이후 냉소적이고 탈역사적인 이데올로기에 기반을 두어 자본주의 소비문화와 대중예술에 토대를 둔다.

*자크 데리다, 미셸 푸코, 자크 라캉 등은 수천 년 동안 서양 철학을 지배해 온 절대적 진리와 합리주의 사상을 거부한다.

■ 참고문헌

1. 국내저서

강만길, 『한국현대사』, 창작과 비평, 1984.
구인환, 『한국근대소설사연구』, 삼영사, 1983.
──, 『구인환 문학전집17』, 푸른사상, 2005.
──, 『구인환 문학전집18』, 푸른사상, 2005.
──, 『구인환 문학전집22』, 푸른사상, 2005.
──, 『구인환 문학전집23』, 푸른사상, 2005.
권영민, 『한국 민족문학론 연구』, 민음사, 1988.
──, 『한국 현대 문학사』, 민음사, 1993.
김상선, 『신세대작가론』, 일신사, 1964.
김선학, 『문학개론강좌』, 국학자료원, 2012.
김성룡, 『여말선초의 문학사상』, 한길사, 1995.
김영화, 『분단상황과 문학』, 국학자료원, 1992.
김우종, 『한국 현대소설사』, 성문각, 1978.
김윤식, 『한국 근대문학사』, 일지사, 1973.
──, 『한국 현대문학사』, 일지사, 1976.
──, 『한국문학사』, 민음사, 1978.
김재홍, 『한용운 문학연구』, 일지사, 1982.
김 현, 『한국문학사』, 민음사, 1973.
김학동, 『현대 시인연구』, 새문사, 1996.
박두진, 『한국현대시론』, 일조각, 1973.

배영애, 『현대시 연구』, 국학자료원, 2001.
백낙청, 『민족문학과 세계문학』, 창작과 비평사, 1978.
서정주, 『시문학원론』, 정음사, 1969.
신동욱, 『한국 현대문학론』, 박영사, 1972.
윤병로, 『한국 현대소설의 탐구』, 1980.
이경교, 『한국 현대시 정신사』, 집문당, 1995.
이상섭, 『문학 연구의 방법』, 탐구신서, 1984.
이성교, 『현대시의 모색』, 맥밀란, 1982.
이인복, 『문학의 이해』, 숙명여대출판부, 1985.
이재선, 『한국 현대 소설사』, 민음사, 1991.
─────, 『한국 현대 소설사』, 홍익신서, 1978.
이태동, 『한국 현대 소설의 위상』, 문예출판사, 1987.
조남현, 『소설원론』, 고려원, 1982.
─────, 『한국 현대 소설의 해부』, 문예출판사, 1993.
조남현 외, 『한국 문학 강의』, 길벗, 2016.
조연현, 『한국 현대작가론』, 청운출판사, 1977.
조지훈, 『시의 원리』, 나남출판, 1996.
─────, 『한국현대시문학사』, 일지사, 1973.
천이두, 『한국 소설의 관점』, 문학과 지성사, 1980.
─────, 『한국 현대 소설론』, 형설출판사, 1990.
채 훈, 『1920년대 작가연구』, 일지사, 1976.
최동호, 『현대시의 정신사』, 열음사, 1985.
최창호, 『영시원론』, 청연사, 1965.
한용환, 『소설학 용어 사전』, 고려원, 1992.
한점돌, 『한국근대소설의 정신사적 이해』, 국학자료원, 1993.

2. 국외저서

Arnord Hauser, 염무웅·심성완 역, 『문학과 예술의 사회사』, 창작과비평사, 1981.
Lucien Goldmann, 조경숙 열, 『소설 사회학을 위하여』, 청하, 1982.
Michel Zéraffa, 이동렬 역, 『Roman et Société』, 문학과 지성사, 1977.
Raman Selden, 윤홍로 외 옮김, 『현대 문학이론』, 종로서적, 1987.
Terry Eagleton, 이경덕 옮김, 『문학비평:반영이론과 생산이론』, 까치, 1986.
Wellek, R. & Warren, A., 『Theory of Literature, Penguin Books』, 1970.

3. 논문 및 평론

김병택, 「시인의 현실과 자유」, 『현대문학』, 1978, 7.
김용호, 「시란 어떠한 것인가」, 『시문학입문』, 창인사, 1950.
김윤식, 「현대시의 여성적 편향」, 『현대시연구』, 정음사, 1981
김인환, 「서정주의 시인론」, 『동양문화 5집』, 1972, 여름.
김종철, 「시적 진리와 시적 성취」, 『문학사상』, 1973, 9.
김춘수, 「한국의 자유시」, 『한국현대시형태론』, 동해문화사, 1958.
서정주, 「시의 정의」, 『시문학원론』, 정음사, 1969.

송재영, 「시인의 시론」, 『문학과 지성』, 1976, 봄.
오탁번, 「한국현대시사의 대위적(對位的)구조」, 고대민족문화 연구소, 1988.
최하림, 「60년대 시인의식」, 『현대문학』, 1974, 10.

문학개론강좌

인쇄일 초판 1쇄 2019년 03월 01일
발행일 초판 1쇄 2019년 03월 01일

저　자 천미수
발행인 이석우
발행처 편백나무출판사
주　소 충북 청주시 청원구1 순환로 335번길47-1
전　화 043-252-3137 / 팩 스 043-3447-3137
등록일 2015년 3월 2일 제301-92-08609호
책임편집 이석우 / 디자인 이현진
E-mail love@pbnamu.com

ISBN 979-11-86977-10-1
가 격 15,000원
저자와의 협의하에 인지 생략함